LE PAPILLON
DE L'AU-DELÀ

Michèle Decker

LE PAPILLON DE L'AU-DELÀ

ÉDITIONS FRANCE LOISIRS

Édition du Club France Loisirs,
avec l'autorisation des Presses du Châtelet

Éditions France Loisirs,
123, boulevard de Grenelle, Paris
www.franceloisirs.com

ISBN : 978-2-7441-9854-0

Sommaire

Première partie
La métamorphose de la chrysalide

Deuxième partie
Dans la sérénité

Troisième partie

Le nommer pour mieux le vaincre : James

Ils ne nous disent pas adieu

Ils ne nous disent pas adieu, là-haut dans les cieux.

Ils sont des milliers à nous aimer dans le mouvement de l'éternité.

Leur message est amour, espoir de les revoir un jour.

Ils ne sont pas dans le noir, car il y a toujours un coin de ciel bleu dans l'immensité des cieux.

Ils traversent le temps.

Ils demeurent des enfants.

Ils nous contemplent.

Envoyons-leur des baisers ; ne les oublions pas.

Ceux qui nous ont quittés, il ne faut pas les pleurer, mais les aimer.

Ils me le demandent.

Ne les cherchez pas dans les pages d'un album, mais dans la vérité de votre cœur : c'est lui qui guide votre destinée.

Ils sont à vos côtés.

Ce sont les esprits de la vie. Ils font partie de l'unité. Ils ont simplement évolué.

Que te dire, Papa ?

Que je suis triste ? Que ta présence me manque et que j'ai du mal à accepter ton départ brutal vers l'au-delà ?

Ce serait être égoïste, non ?

Il ne serait ni sage ni digne de vouloir te retenir par ma souffrance et par mes larmes.

Je préfère continuer à t'aimer. Simplement. Dans le souvenir de nos moments forts, de nos joies et de nos découvertes.

Te retrouver, à travers le sens des paroles échangées depuis ma tendre enfance.

Certaines d'entre elles ont marqué les étapes de ma vie et sont restées gravées au fond de mon cœur.

Elles me réconfortaient quand je songeais à ton départ vers l'au-delà.

Tu me disais :

— Je n'ai pas peur de quitter cette terre, car je sais que là où j'irai je renaîtrai dans la vraie vie. Sur terre, nous sommes de petites chenilles avides de savoir. Dans l'au-delà, nous devenons des papillons aux mille couleurs.

Les mille couleurs, Papa, tu les avais déjà en toi. Ta volonté de dialogue et d'échange, ton dévouement à l'autre formaient les couleurs d'un arc-en-ciel.

— Que coûte une poignée de main ? aimais-tu à rappeler. Personne n'est assez riche pour pouvoir s'en passer, ni assez pauvre pour ne pas la mériter.

Sages paroles ! Et tu répétais encore :

— Une parole, un sourire, ce n'est pas rien. Ça apporte beaucoup. Ça enrichit celui qui les reçoit sans appauvrir celui qui les donne.

Ce qui a fait grandir la valeur de ta vie sur terre, et lui a donné son sens, c'est l'amour dont elle fut remplie.

À présent, tu es parti. Tu découvres l'évolution de l'esprit. Et je sais qu'à travers notre complicité d'autrefois tu continueras de me guider. Car tu ne cesseras jamais de me communiquer l'énergie de ton être, ta joie de vivre et ta spontanéité.

Tel est le plus bel héritage que tu pouvais me léguer : le souvenir de ta gentillesse, de ta simplicité, de ta générosité.

À présent, te voilà devenu pour moi le messager de l'au-delà, mon trait d'union entre le ciel et la terre ; car la vraie vie se trouve avec toi dans l'harmonie de l'univers.

Merci, Papa.

Préambule

Entre ciel et terre

Il y a beaucoup de choses que l'on ne peut expliquer, mais qu'il est possible d'éprouver dans le fond de son cœur, pour en découvrir les bienfaits.

Mon père s'en est allé sur le chemin de l'au-delà. C'est une évolution que je puis ressentir, et même apprécier, grâce à l'énergie de son esprit.

Certes, son départ m'a beaucoup marquée, mais son esprit est toujours là pour me réconforter ; et notre complicité s'accroît chaque jour davantage par les effets de cette forme naturelle de pensée qu'est la transcommunication.

Depuis l'au-delà, Papa a le pouvoir de transformer ma tristesse en joie. Chacun de ses messages me nourrit de son amour, et me communique un merveilleux bien-être.

De toute la force de son âme, le papillon aux mille couleurs qu'il est devenu ouvre ses ailes pour m'indiquer la pure et belle connaissance de l'esprit en évolution. Ce qui m'était naguère inaccessible devient au fil des jours à portée de ma pensée et de mon cœur.

Dans le tourbillon de son évolution, son esprit libéré de toute entrave rencontre d'autres esprits, connus ou inconnus, desquels jaillissent les bonjours, les câlins, les paroles d'amour et de réconfort. Ces sentiments me parviennent et me touchent chaque fois que je communique avec Papa. Grâce aux dialogues qu'il partage avec ces êtres de lumière, je m'ouvre davantage à la connaissance de l'invisible. Je découvre la force qui les unit.

La mort n'a aucun impact sur l'amour qu'en retour j'exprime à Papa. Il me répond par les vibrations d'une énergie qui lui est propre, qu'il laisse courir dans mes cheveux. Et cette caresse me rassure. J'y puise une force intérieure que rien ne saurait briser. Elle me donne une confiance totale en l'au-delà.

Mes doigts courent sur le clavier de l'ordinateur, et le petit miracle de la transcommunication prend forme, alors que s'ouvre devant moi un champ de connaissance illimité. Or cette connaissance ne doit pas être oubliée dans un tiroir. Mon devoir est de la transmettre telle que je la reçois, en vertu d'une promesse faite à mon père. Et je découvre dans cette expérience que l'amour est une force. L'amour est capable d'ouvrir les portes du cœur, et de libérer les mots prisonniers. Alors naît la promesse de se retrouver un jour, et de ne faire plus qu'un dans la beauté de la vraie vie.

Première partie

La métamorphose de la chrysalide

On se dit parfois

On se dit parfois que la mort n'arrive qu'aux autres, que les êtres aimés sont éternels, qu'il ne peut rien leur arriver. Puis, un jour, tout bascule. Le temps se fige. Et la mort est là qui s'impatiente sur le pas de la porte. L'instant d'après, un être cher est emmené vers sa nouvelle destinée.

Sur terre, nous en sommes encore à essayer d'admettre et de comprendre. Mais c'est simplement le travail d'une chrysalide qui s'achève. Déjà, loin de nos regards, cette chrysalide se métamorphose en un papillon aux mille couleurs.

Le passage vers la vraie vie

Le mercredi 27 novembre, à minuit trente, la sonnerie du téléphone retentit dans la maisonnée endormie.

Encore tout ensommeillée, je me précipite sur le combiné. Qui peut bien appeler à cette heure tardive ? Je décroche. J'entends une voix familière, entrecoupée de sanglots. C'est Maman.

— Michèle, viens vite. Papa se sent mal. Il n'arrive plus à respirer. Il n'est pas bien du tout.

Maman a l'air de se complaire dans une angoisse communicative. Bien sûr, je ne me représente pas encore très bien la gravité de la situation. J'ai souvent été appelée au chevet de mon père par le passé. Il m'est même arrivé de le transporter d'urgence à la clinique. Papa, en effet, souffre de problèmes cardiaques. Pourtant, cette fois, une intuition me souffle que ce n'est pas comme d'habitude. Cette pensée m'épouvante comme un affreux pressentiment. Je m'empresse de l'enfouir tout au fond de moi, tandis que j'enfile maladroitement mon manteau.

Mes parents habitent à quelques maisons de chez nous. Dehors, il règne un froid piquant. Le brouillard est épais. L'humidité s'accroche à mon corps et me transperce jusqu'aux os.

Leur maison m'apparaît bientôt dans un halo de brume. Il y a de la lumière dans le vestibule.

À l’intérieur, une forme s’agite nerveusement. C’est Maman. Je devine qu’elle cède à la panique. Elle n’en peut plus de m’attendre.

Dès que mes pas résonnent sur le gravier de l’allée, elle ouvre la porte et se précipite. Son visage est défait. Elle a les traits tirés. Ses yeux humides scrutent mon regard comme pour y trouver une réponse, un espoir. Soudain elle fond en larmes.

— Entre vite.

L’affreux pressentiment s’est réveillé. Il m’oppresse de plus en plus fort tandis que je monte l’escalier quatre à quatre.

La porte de la chambre est entrouverte. Je vois mon père assis au bord du lit. Sentant ma présence, il relève la tête. Sa figure est marquée par la douleur. Il fixe ses yeux sur moi. Il voudrait comprendre ce qui lui arrive. D’un signe, il m’indique sa poitrine. Jamais il n’a autant souffert, c’est évident.

Je m’approche. Je l’embrasse. Je m’efforce de le rassurer. Mais à chaque effort qu’il fait pour respirer, d’horribles bruits résonnent dans sa cage thoracique.

— Papa, je vais aller chercher Michel. On t’emmène aux urgences. C’est la seule chose à faire.

J’essaie de le réconforter d’un sourire. Je lui caresse brièvement la joue. Levant les yeux vers moi, il acquiesce en silence.

— Je lui prépare une valise, dit Maman en entrant dans la chambre.

— On n'a pas le temps ! Passe-lui un peignoir.

L'instant d'après, je dévale l'escalier.

Je regagne ma maison en courant dans la nuit glacée. Je réveille Michel, mon mari. Je lui explique. Il bondit hors du lit et s'habille en toute hâte.

— Retourne chez eux, dit-il. J'arrive avec la voiture.

De nouveau cette course dans la nuit oppressante, avec l'angoisse qui ne cesse de grandir en moi, et que je ne peux plus maîtriser. Je remonte l'allée. J'entre dans le vestibule à l'instant où Maman arrive au pied de l'escalier. Elle sanglote.

— Michèle...

Elle tremble de tous ses membres. Elle ajoute :

— C'est fini.

— Papa... Ce n'est pas possible.

— Il est parti, Michèle.

Elle se jette sur moi et se blottit dans mes bras.

Comment accepter que Papa ait cessé de vivre ? Comment admettre une pareille injustice ? Lui qui aimait tant la vie et savait si bien la respecter !

Maman s'écarte de moi. Je gagne l'escalier. Je monte jusqu'à leur chambre.

Papa gît en travers du lit. Il a les yeux grands ouverts. Ne peut-il vraiment être sauvé ? N'y a-t-il pas quelque chose à faire ? Je m'agenouille sur le lit. Je commence à pratiquer la respiration artificielle. J'y mets tous mes efforts. Je m'épuise. Mais le cœur de Papa refuse de repartir. Dans sa cage thoracique, les bruits continuent. Une mousse blanche s'écoule doucement de la commissure de ses lèvres. Un halo verdâtre ondule autour de son corps immobile...

Il faut se résigner.

Tout est fini.

Une main se pose sur mon épaule.

C'est Maman.

Je tourne vers elle mon visage en larmes.

— Arrête, Michèle. Laisse-le partir en paix.

Je me sens comme la petite fille d'autrefois. Je comptais toujours sur Papa quand j'avais un problème !

Je m'assieds auprès de lui. Je lui ferme les yeux. La colère est en train de grossir en moi comme une vague sombre, puissante. Ma rancœur est dirigée contre les médecins. Il y a quelques jours, Papa a subi un contrôle à la clinique universitaire de Mont-Godinne. Tout allait bien ! Et maintenant il est mort ! Comment est-ce seulement possible ?

J'aurais tellement voulu le garder encore auprès de nous ! Lui qui attendait si impatiemment la publication de mon premier livre, *La Vie de l'autre côté*.

Mais son heure est venue. Le temps décide de tout. Et l'évolution, si cruelle soit-elle, doit être acceptée.

À travers mes larmes, je scrute le visage aimé. Comme il a l'air serein, tout à coup ! Je prends sa main. Je la garde entre les miennes, comme pour retenir la chaleur qu'elle possède encore. Pauvre vieille main déformée par cette arthrose qui le faisait tant souffrir.

Et tandis que je regarde le visage de Papa, les souvenirs refont surface, qui tous appartiennent aux heures innocentes de l'enfance. Les images sont présentes. Le temps est suspendu.

Tendresse des souvenirs

Je suis née dans la chaleur de leurs deux cœurs, puis j'ai grandi dans les cycles de la vie.

Je revois cette main travailleuse qui ne rechignait pas à la peine pour nous apporter le bien-être. Papa voulait que nous ne manquions de rien. Aussi, après ses huit heures d'usine, attaquait-il une deuxième journée. Il faisait le maçon. Et le ciment lui creusait des crevasses dans les mains.

Il allait au travail par tous les temps. Il enfourchait son vélo, son sac accroché au porte-bagages. Ayant rajusté son béret, il me lançait :

— En route !

Je le regardais s'éloigner. Il lui arrivait de faire demi-tour après quelques coups de pédale, quand il s'apercevait qu'il avait oublié la petite boîte en fer dans laquelle il transportait son café. Il n'y avait pas de Thermos, à l'époque. Papa se faisait son café à la cantine de l'usine, où chacun apportait sa dose.

À son retour, je ne me serais privée pour rien au monde du plaisir de fouiller dans ses poches. Je savais qu'il me rapportait toujours une friandise que j'appelais mon « trésor », des bonbons à la réglisse achetés à l'épicerie en passant. Nous ne roulions pas sur l'or, et ces bonbons faisaient mon bonheur. Leur souvenir est aujourd'hui pour moi une richesse, en même temps que le symbole d'une famille où règnent tendresse et sécurité.

Aussi loin qu'il m'en souvienne, j'aimais la compagnie de Papa. Certes, j'avais mes copines, et je jouais beaucoup avec elles. Mais je ne pouvais m'empêcher de les laisser quand je voyais Papa se mettre en route pour les champs. Il fauchait de l'herbe pour les lapins, et je vivais alors des instants merveilleux. Mes copines ne m'en voulaient pas. De toute façon, elles n'auraient jamais accepté de nous accompagner, tant elles craignaient les insectes qui se cachent dans les herbes.

On accédait aux champs par un étroit sentier de terre battue qui, à un moment, longeait un verger. Quand c'était la saison, Papa chapardait pour moi des cerises. Il en accrochait à mes oreilles. Et il riait d'un air malicieux, l'air de me dire : « On est complices ! » J'étais ravie. Je lui donnais fièrement la main, et nous nous remettions en route.

J'ignorais encore que je m'intéresserais un jour aux simples et à leurs vertus thérapeutiques, mais pendant qu'il fauchait, je m'occupais en cueillant des fleurs qui étaient déjà ma passion : primevères, bleuets, coquelicots, millepertuis, origan et bien d'autres encore. Plantes et fleurs représentaient à mes yeux une palette de couleurs. Celles que j'avais cueillies, je les offrais à Maman au retour, dans l'espoir qu'elle me pardonnerait, grâce à ce petit cadeau, les taches de fruit qui salissaient ma blouse.

Comme Papa, j'appréciais la nature. J'avais besoin de l'observer, d'en écouter les bruits, d'en éprouver les mouvements. Je frémissais aux caresses du vent sur un champ de blé. Je cherchais à surprendre dans les branches les allées et venues des oiseaux nourrissant leur couvée. Je m'égratignais les mains en cueillant dans les haies des mûres et des framboises. J'étudiais le vol des papillons, quand ils passaient d'une fleur à l'autre ; je m'émerveillais de leur beauté, et je n'osais les toucher de peur d'abîmer leurs ailes.

À quelque distance, Papa coupait l'herbe avec sa faux. C'étaient toujours les mêmes gestes précis, le même rythme régulier. Et l'herbe coupée dégageait une bonne odeur qui flottait jusqu'à mes narines. De temps en temps, Papa s'interrompait. Il aiguisait sa faux à l'aide d'une pierre bleue qu'il fourrait dans sa poche au moment du départ. Après l'opération, il restait un moment à promener son regard sur les prés, comme pour jouir de la paix qui en émanait, appuyé sur le manche de sa faux. Puis il recommençait sa besogne.

Au retour, nous passions quelquefois le long d'un champ de blé. Papa écrasait alors des épis entre ses paumes, et soufflait dessus pour en extraire les grains qu'il me donnait à manger. Ou bien il ramassait une poignée de terre qu'il émiettait et laissait s'échapper entre ses doigts en disant :

— Tu vois cette terre, Michèle ? Elle est riche. Et elle est riche parce qu'elle a été bien travaillée. C'est elle qui nourrit le blé magnifique que tu as goûté tout à l'heure.

Je ne devais jamais oublier ces mots. Et le symbole de la terre nourricière continue d'habiter aujourd'hui mes pensées. Il représente l'amour universel sur lequel se fonde le don que je possède.

Quelquefois, Papa prenait le temps de se reposer. Assis dans l'herbe côte à côte, nous observions le ballet des alouettes, et j'attendais avec excitation l'instant où elles fondraient vers le sol.

— Vas-y ! disait Papa. Cours en attraper une !

Je me précipitais, pleine de confiance et d'audace. Mais chaque fois l'alouette m'échappait, et je revenais bredouille, dépitée. Papa, lui, riait de bon cœur.

Comme le temps passait vite en sa compagnie ! Mais bientôt sept heures sonnaient au clocher du village. Il fallait rentrer. Nous reprenions notre route, Papa portant sur son dos sa faux et ses herbes, et moi mon bouquet de fleurs des champs. J'adorais cet instant du retour au bercail. Avant le dîner, il fallait nourrir les lapins. Papa les sortait de leur clapier et me laissait les prendre dans mes bras, pour que je puisse les caresser et les embrasser.

Aujourd'hui, quand ça ne va pas trop bien, je me remémore ces instants bénis, et aussitôt le moral remonte, tant il est vrai que nos souvenirs sont la source d'une force inépuisable.

L'été venu, Papa m'emmenait faire des promenades à vélo. Nous allions jusqu'aux bois en suivant des chemins creusés d'ornières, et Dieu sait que ce n'était pas facile de le suivre en pédalant sur ma petite bicyclette ! Mais soudain il s'arrêtait, et couchait sa bécane sur le sol avec précaution, sans faire de bruit. Il voulait me montrer un lièvre qui folâtrait dans un vallon ou grignotait des salades sauvages. Il nous arrivait aussi de rencontrer une biche qui s'effarouchait à notre vue, et prenait la fuite avec son faon. Ces visions sont bien naturelles, mais pour l'enfant que j'étais, c'était purement et simplement de la magie.

Parlant de magie, un autre souvenir me vient, celui de Papa et de Grand-Père partant pour la fenaison et m'emmenant avec eux. J'aimais les regarder retourner le foin avec leurs grands râteaux de bois. Je me tenais à distance, assise sur le talus, à l'ombre des arbres. Au bout d'un moment, je dégustais une tartine de confiture préparée par Maman, ce qui ne manquait jamais d'attirer les insectes. Eux aussi étaient magiques. Surtout les fourmis qui travaillaient si intensément et communiquaient entre elles de façon si étrange. De même les sauterelles que je capturais pour les observer avec fascination, avant de leur rendre la liberté. Fourmis et sauterelles devenaient mes complices. Je les regarde aujourd'hui encore comme de petits êtres intelligents capables de percevoir les changements directionnels des ondes négatives produites par la terre. Des êtres qui ont beaucoup à nous apprendre, et sont sensibles notamment aux avertissements adressés par la terre à tous ceux qui l'habitent. Quand saurons-nous, comme eux, déchiffrer ces messages si utiles ?

Aujourd'hui, les richesses recelées par la nature ne nous sont bien souvent accessibles qu'entre les pages d'un livre, ou grâce à une vidéo ! Notre mère nourricière sera-t-elle un jour étouffée par les jeux électroniques ? Ce serait dommage, et même catastrophique, car c'est elle qui représente la beauté et la vraie communication. Comment ne pas vouloir la léguer à nos enfants dans toute sa richesse ?

La nature désormais est blessée. Si nous ne faisons pas un effort, elle périra, et nous avec. Car n'oublions pas que la nature n'est pas notre propriété ; nous n'en sommes que les locataires.

Le soir, après les travaux des champs, nous rentrions bien fatigués à la maison. On mangeait la soupe de légumes de Grand-Mère, après que Grand-Père avait coupé des tranches dans la miche de pain moelleuse, non sans y avoir fait le signe de croix.

Une des spécialités de Papa était la confiture de mûres et de framboises. Le regarder faire était un régal. J'ai d'ailleurs suivi son exemple en toutes choses, dans la cuisine comme au potager.

Combien de fois l'ai-je admiré tandis qu'il bêchait le jardin sans relâche, la sueur perlant à son front ! Ses légumes étaient d'une beauté extraordinaire. Il respectait la terre qui le lui rendait bien. Au jardin, il était toujours habillé de la même manière : un bleu et une vareuse. La poche de son pantalon laissait dépasser le mouchoir blanc dont il se servait pour se tamponner le front quand il était en nage.

— Range donc ton mouchoir ! lui lançait Maman.

Papa et moi échangions un sourire de connivence. Mais il s'exécutait. Par habitude. Et parce que ça n'avait pas d'importance.

L'après-midi, il allait souvent faire un tour au village, discuter avec ses amis. Il était aimé de tous, ce qui n'avait rien de surprenant car il parlait facilement et ne craignait pas d'aller au-devant d'autrui.

D'autres fois, alors qu'il travaillait dans son potager, je voyais des gens s'approcher pour engager avec lui la conversation par-dessus le mur. Ayant planté sa bêche dans la terre, il les rejoignait et s'accoudait au mur. Quelques mots s'échangeaient, ou bien c'était toute une discussion qui se déployait. Après quoi, Papa revenait à sa besogne.

— Qui étaient ces gens ? lui demandais-je parfois.

Et lui de répondre à mon grand étonnement :

— Je ne les connais pas.

Puis, ayant réfléchi, il rectifiait avec un sourire au coin des lèvres :

— Enfin, je ne les connaissais pas. Maintenant je les connais.

Nous partions alors d'un fou rire. Papa était ainsi – tout simplement génial. Sa joie de vivre était intarissable, sa bonne humeur constante. Je le revois balayant la neige devant notre porte, sa grande écharpe verte autour du cou et son béret sur la tête.

— Pourquoi être triste ? disait-il. Pourquoi voir la vie en noir ? Pourquoi faire la tête et se morfondre ?

Comme Papa a raison ! pensais-je. Même l'hiver a son bon côté. La preuve, je le bombardais de boules de neige. C'était un jeu entre nous. J'essayais de faire tomber son béret. D'autres fois, il me traînait sur ma luge. Le soir, au moment de rentrer à la maison, nous avions les membres gelés.

L'hiver était la saison préférée de Papa, celle au cours de laquelle il confectionnait des paniers avec des baguettes de saule. Je restais auprès de lui à bavarder tout en le regardant faire, admirative de son adresse.

Ce sont là des souvenirs simples, mais ils vivent dans ma mémoire comme une présence authentique. Et ils sont emplis d'une connaissance vraie où s'inscrit l'apprentissage de ma vie d'adulte. Car ils sont pleins de merveilleux – ce merveilleux qui continue de m'aider à grandir aujourd'hui encore, et à franchir les moments difficiles. Ces batailles de boules de neige, par exemple, représentaient bien plus que des jeux enfantins. Elles alimentaient la complicité grandissante qui faisait toute notre relation. Elles contenaient en germe tout ce qui, plus tard, me transporterait au-delà de ma connaissance des choses de la vie, jusqu'au cœur même de la transcommunication.

Oui, gaieté et joie de vivre définissaient entièrement cet homme. Même tenaillé par la maladie, il trouvait encore la force de sourire. Chacun le connaissait d'ailleurs comme un plaisantin qui adorait faire des blagues. Quand mon amie Sylviane lavait le trottoir devant chez elle, il s'approchait subrepticement pour lui cacher son seau. Et l'affaire ne manquait jamais de se terminer dans un fou rire général.

Je nous revois l'été qui précéda sa disparition. Nous étions tous les deux au jardin à cueillir les framboises. Ses mains le faisaient souffrir, mais qu'importe, il refusait de voir ces fruits miraculeux pourrir sur leurs branches. D'autant que l'année était fertile. Et comme il n'était que gaieté, ce qui aurait pu être une corvée devenait un moment heureux, une source de bonheur. La vérité est qu'il n'aimait le gaspillage dans aucun domaine. Par exemple, étant petite, je n'aimais pas manger la croûte du pain. Aussi, quand j'étais dehors avec ma tartine, je m'arrangeais pour n'en manger que la mie et la confiture. Le reste, je le jetais dans la haie du voisin.

— Que fais-tu là ? me dit Papa, un jour qu'il m'avait surprise.

— Je donne à manger aux oiseaux ! répliquai-je effrontément.

Il me prit les mains et me dit de sa voix gentille :

— Il ne faut pas jeter le pain, ma chérie. Au contraire, il faut le respecter. Tu sais, quand j'étais petit, c'était la guerre, et je n'ai pas eu la chance d'avoir du bon pain blanc à manger.

— Ah bon ? répondis-je avec innocence. Il était comment, ton pain, alors ?

— Il était noir, chérie. Et il n'avait pas le bon goût de celui que tu jettes dans cette haie.

Mais ce n'était pas seulement parce qu'il avait connu les privations de la guerre que Papa m'invitait à respecter le pain ; c'était surtout qu'il regardait les produits de la terre et du travail comme des biens précieux, presque sacrés.

— Le pain fait partie des bienfaits de la vie, disait-il, et c'est par respect de la vie que nous faisons un petit signe de croix sur la miche avant de la couper.

Il en allait de même pour ces fruits du jardin que la nature nous offrait si généreusement, et qu'il tenait absolument à cueillir en dépit de l'arthrose qui lui paralysait les doigts. Résultat, ses confitures de fruits étaient un vrai régal : la saveur authentique du fruit s'y inscrivait comme par magie, et mes enfants ne s'y trompaient pas, qui n'appréciaient jamais autant leur goûter que lorsqu'ils y mangeaient en tartines les confitures de leur papy !

Même devenue adulte, j'admirais sa façon de faire et ses gestes toujours identiques. Papa cueillait d'un air calme et serein. Il faisait avancer la tâche mais en prenant son temps. Et les fruits gorgés de soleil tombaient dans son panier avec régularité. De temps à autre, de sa main malade, il chassait un taon qui s'était posé sur son bras.

— Ils sont mauvais, disait-il. L'orage n'est pas loin.

Il voyait alors un sourire involontaire se dessiner sur mes lèvres.

— À quoi tu penses, chérie ?

— Au passé, répondais-je, émue.

Je n'avais pas besoin d'en dire plus. Il avait compris que je nous revoyais autrefois, quand j'étais petite fille et qu'il m'emmenait faire la cueillette à l'orée des bois.

— Une fois, dis-je, tu as roulé avec ton vélo sur un caillou pointu. Tu as eu un pneu crevé. Et en plus, il allait se mettre à pleuvoir !

— Tu en as, des souvenirs, dit-il. Conserve-les précieusement. Car ils sont une forme de vie. Comme ces fruits du jardin.

Oui, les années s'étaient envolées comme les pages d'un livre, mais ces bons moments d'autrefois continuaient d'habiter mon existence, et de lui donner sa force.

Ce fameux après-midi des framboises, j'ai pris une photo de Papa. Je l'ai toujours dans mon ordinateur. Et souvent je la regarde. Qu'il était beau, Papa, entouré de ses buissons chargés de fruits ! Il émanait de lui une grande et magnifique simplicité.

Leçon de vie

Papa fut pour moi un allié quand j'eus découvert que je possédais un don de médium. Au début, ce ne fut pas chose facile que d'assumer ce qui m'arrivait. L'au-delà faisait des incursions dans ma vie, et j'en étais quelquefois anxieuse. Les réactions de mon père me furent d'une aide inestimable.

— Pourquoi ? demandais-je. Pourquoi faut-il que ça m'arrive à moi ?

— Pourquoi pas ? répondait Papa.

C'est lui qui fut l'artisan de cette acceptation, de ce passage d'un « Pourquoi ? » à un « Pourquoi pas ? » Autrement dit de ma propre évolution vers l'invisible.

— Rien n'est l'œuvre du hasard, me disait-il aussi en m'enveloppant de son regard protecteur. Accepte ce don de voir qui maintenant est en toi.

Pour lui, je devais apprendre à aimer cette faculté nouvelle, à faire corps avec elle, à la laisser me pénétrer et habiter ma vie. C'était une force agissante en laquelle il me fallait placer ma confiance.

— Tout mûrit à son heure, chérie. Avec le temps, tu mûriras aussi. Et tu comprendras pourquoi ce don est arrivé dans ton existence.

En un sens, il m'avait préparée à une telle expérience puisqu'il croyait lui-même fermement à l'existence de l'au-delà. Sa foi en l'autre monde ne s'accompagnait d'aucune peur. Dans sa vision à la fois simple et profonde des choses, l'esprit survivait dans l'au-delà de la façon la plus logique et la plus naturelle.

— Pourquoi acquérir une connaissance de l'évolution de la vie durant notre passage sur terre, si cette connaissance doit disparaître dans le néant quand nous mourons ?

Ainsi parlait-il. Et il disait encore :

— Si la vie devait vraiment s'arrêter au seuil de la mort, pourquoi prendre la peine de venir au monde ? Pourquoi grandir, aimer et penser ? Et, surtout, pourquoi souffrir ?

Il avait la conviction que la connaissance des secrets de la vie était chose éternelle. L'esprit, à l'heure de quitter cette terre, emportait la connaissance acquise vers un autre niveau de conscience, afin qu'elle soit partagée entre les esprits en évolution. À ce niveau, se situait la transmission du fabuleux héritage qui renferme les secrets de notre origine.

— Cet héritage se transmet aux futurs esprits vierges, disait Papa. Lesquels, à leur tour, évolueront sur terre et ailleurs.

Cette vision est devenue la mienne. Je l'ai intégrée à ma propre expérience. Et c'est sur elle que s'appuie mon interprétation du sens de la réincarnation. Je ne crois pas, en effet, que l'ancien esprit se réincarne dans un nouveau « corps » ; je pense au contraire qu'il continue d'approfondir la connaissance qu'il a acquise lors de son passage sur terre, ou dans d'autres mondes. L'ancien esprit rejoint en fait la mémoire universelle, pour ne former plus qu'une seule unité avec les autres esprits.

Ainsi Papa a-t-il joué un rôle important dans cet aspect de mon existence. En réalité, il était médium lui aussi. Il l'était et ne le savait pas, lui l'homme de la terre pour qui tout était échange, lui qui savait l'existence de forces puissantes à l'intérieur de nous. Je l'entends encore me dire :

— Vois-tu, l'échange dans l'au-delà est le même que sur la terre. Il est très important. Et il est nécessaire pour que la vie perdure. Car tout se perpétue, s'adapte, s'écoule à travers les multiples formes créées par la vie dans le visible et l'invisible où tout change et s'échange.

Cette foi qu'il avait dans l'existence de l'au-delà donnait à l'énergie de son aura une forme particulière. Aussi, lorsque nous abordions ces sujets ensemble, je voyais émaner de lui un rayonnement de bonté et de simplicité. Ma propre foi dans l'au-delà vient de lui. Elle s'est forgée à son contact. Grâce à lui, je trouvais le courage de ne pas baisser les bras dans les périodes de doute ; et celui de porter la lourde charge de la transcommunication. Aujourd'hui encore, quand je ressens une chute de moral, je me répète ses paroles :

— Nous savons, toi et moi, que la vie continue dans l'invisible, et que seuls l'amour et le respect nous la rendent accessible. Il ne faut jamais l'oublier.

— Tellement de gens en doutent, répliquais-je.

J'avais besoin de ses paroles pour me rassurer.

— Laisse faire le temps, disait-il. Un jour, tu verras, ces gens s'ouvriront à la connaissance. Ils redécouvriront une force qui était en eux mais dont ils oubliaient l'existence. Ils auront enfin accès à un autre niveau de la conscience. Dès lors ils ne seront plus seuls.

Papa avait compris que le monde dans lequel nous vivons désormais tend à se perdre dans le labyrinthe du matérialisme et de l'indifférence, là où règnent la méchanceté et la jalousie, ces gangrènes qui rongent la mémoire et empêchent de penser.

J'interrogeais aussi Papa sur ces pauvres humains perdus dans la tourmente, et que l'on voit chercher désespérément leur chemin.

— Ils ne demandent qu'à croire en quelque chose. Mais en quoi ? En qui ?

— Ils n'ont pas encore vraiment conscience du danger qui rôde autour d'eux, me répondait-il. Le danger de perdre un héritage ancestral. Mais un jour, ils ouvriront les yeux. Parce qu'il le faudra bien ! Ils comprendront alors combien il est important de posséder la liberté de penser, et de pouvoir s'exprimer dans le langage du cœur, le seul qui finira par être entendu.

Et il poursuivait, pour m'encourager :

— Ne change pas ta façon d'être, Michèle. Reste qui tu es. Reste simple et ouverte. Ces atouts renforceront ton don de perception.

Il lui arrivait souvent de voir des présences surnaturelles évoluer autour de lui. D'autres fois, il ne faisait que les ressentir. Nous en parlions avec une liberté totale. Nous les analysions ensemble. Nous nous efforcions d'en comprendre la portée. Papa s'était facilement habitué à ces phénomènes car il était fier que je sois devenue médium. Il n'était nullement effrayé. Pas même intrigué. Pour lui, c'était la chose la plus naturelle du monde.

Il lui arrivait même de m'accompagner dans mes déplacements quand je devais aller visiter des maisons dérangées, ou prisonnières de pauvres présences invisibles qui perturbaient la vie des gens. Il assistait à la cérémonie tandis que je récitais la prière. Je l'observais parfois du coin de l'œil, et je voyais bien qu'il n'avait pas peur. À la fin, il prenait même la parole pour rassurer les habitants de la maison hantée.

Mais, pour lui, tout reposait sur la force de l'amour. Plus nous aimions nos proches, plus ils étaient protégés à l'heure de s'en aller pour l'au-delà, plus ils étaient à même de comprendre le chemin emprunté par leur évolution. Ces présences qui erraient de par le monde, et pour lesquelles on me faisait venir de maison en maison, étaient en fait oubliées, abandonnées. Elles avaient manqué d'amour, et c'est pourquoi elles ne pouvaient s'adapter à de nouvelles formes d'échange. Elles demeuraient enchaînées à des regrets, à des souvenirs malheureux.

La nature, le vrai sens des mots : tel était l'univers de Papa. À quoi s'ajoutaient le respect et la simplicité. Toutes ces notions ne sont-elles pas contenues dans l'amour ? C'est ce qu'il avait essayé de me transmettre.

Un jour d'été ensoleillé, alors que nous prenions le frais à l'ombre d'un grand arbre, il me dit :

— Quand viendra l'heure de mon voyage vers l'au-delà, l'énergie de mon esprit retournera aussitôt près de toi, avec un code secret connu seulement de nous deux.

Et il poursuivit :

— Mon énergie frappera au chambranle de la porte. Deux fois. Deux coups secs. Tu sauras que je suis auprès de toi. Ensuite elle te caressera les cheveux. Ce sera sa façon de te dire que je suis bien dans l'ombre, de l'autre côté de la vie. Et que mon esprit a accédé à la première phase de l'évolution.

Je me rappelle combien ce propos m'avait paru étrange. Jamais encore Papa ne m'avait parlé de son départ dans l'au-delà. Et il était encore en bonne santé. Je me tournai vers lui, et je vis que son regard, en effet, avait changé. Dans les minutes qui suivirent, il commença à fixer un point invisible, à l'horizon. Et soudain il plongea ses yeux dans les miens, comme s'il attendait une réponse de ma part. Ma seule réponse fut un léger hochement de tête. Qu'avait-il ressenti pour me parler ainsi ? La réalité de son départ, sans aucun doute.

Esprit de la vie

Lui si petit,
Petite particule de vie,
Celle par qui se traduit notre ressenti
Dans l'immortalité, il a vibré,
Dans le verbe aimer, il aime être câliné.
De l'énergie, il est né heureux et libéré.
Comme un nuage qui se plaît dans un paysage.
Il serait dommage de l'enfermer dans une cage.
Par lui, le savoir de nos anciens reforme notre lendemain.
Il nous donne le sens de ce que la vie a créé.
Comme un enfant, il danse avec le vent.
Dans le temps présent et passé.
Il souffle dans mes cheveux comme la brise des cieux.
Petit malicieux qui rend heureux.
Lorsqu'il prend ma main pour me dicter notre lendemain,
Il joue au grand devin.
Il protège mon sommeil en me montrant,
Les merveilles de l'énergie qui veille.
L'esprit de la vie dans l'infini
Restera mon meilleur ami.

Le murmure de Claude

Papa voyait souvent des êtres et des formes lui apparaître. C'étaient des projections mentales de personnes décédées qu'il avait bien connues de leur vivant.

Un soir, alors qu'il allait se mettre au lit, il ressentit d'étranges frissons au niveau du dos, du thorax, des épaules et de la tête. Puis ces frissons perdirent de leur intensité. Et Papa vit se découper devant lui, sur le mur de la chambre, des yeux qui le regardaient. Le visage était celui de Claude, un ancien collègue de Papa, décédé depuis des années.

Papa ne fut pas surpris de cette apparition. Il décida de m'en parler.

— Je ne voyais que son visage, me dit-il. J'entendais un murmure. L'apparition s'est dissipée très vite. Elle n'a duré que quelques secondes. On aurait dit qu'elle était aspirée par une force invisible...

Il ajouta :

— Je t'assure que j'avais bien les yeux grands ouverts. Tout a commencé par un nuage laiteux, comme si un brouillard s'était formé peu à peu sur le mur. C'est ce qui a attiré mon attention, d'ailleurs. Ensuite j'ai vu se dessiner le visage de Claude. Il souriait. Il avait l'air paisible.

— Tu avais pensé à lui dans la journée ?

— Pas le moins du monde. Tu crois que l'esprit de Claude cherche à communiquer avec moi ?

— En tout cas, répondis-je, cette apparition n'est le fruit ni du hasard ni de ton imagination. C'est un signe de l'au-delà, en effet. Un clin d'œil.

Pour moi, cette projection de l'énergie de Claude devait même avoir une signification très précise.

— Il essaie peut-être de te prévenir de quelque chose, repris-je. Si ça se trouve, tu vas voir ton ami reparaître. Reste à l'écoute. Laisse-le agir à sa guise. Il sait maintenant qu'il peut venir. Et le mystère renferme aussi le merveilleux.

Mais l'esprit de Claude ne devait plus se manifester. Peut-être avait-il voulu, tout simplement, « faire un petit bonjour » entre deux dimensions. En fait, il était très probablement venu à la rencontre de l'esprit de Papa qui mourut un mois après cette apparition. Le décès de Papa fut d'ailleurs suivi, quelques jours plus tard, par celui de Françoise, la veuve de Claude. Difficile, donc, de mettre cette visite sur le compte du hasard. Du reste, je ne crois pas au hasard. Je pense que tout est inscrit quelque part dans l'énergie de la vie. Et les événements rapprochés ont toujours un sens bien précis.

Il faut dire que certains esprits transmettent parfois leur énergie à d'autres esprits sur le point de partir vers l'au-delà. Ils veulent ainsi les aider. Dans d'autres cas, ils tentent de nous prévenir du départ d'un de nos proches en faisant du bruit. On entend alors des coups répétés dans les murs, ou dans le chambranle de la porte. Ces phénomènes peuvent faire peur, quelquefois. Pour ma part, je les appelle les « esprits frappeurs ». Ils se servent de leur énergie pour capter les vibrations qui émanent de la matière et s'y intégrer le temps que le bruit se fasse entendre. La durée de la manifestation est d'ailleurs très brève, car elle impose à l'esprit de déployer d'importantes quantités d'énergie.

En réalité, ces « techniques » utilisées par les esprits – qu'il s'agisse des coups répétés ou de l'apparition sur un mur – reposent sur une loi et une seule : l'échange au niveau moléculaire. Toutes les matières possédant une mémoire sont susceptibles de réagir à cette technique naturelle. De grandes vibrations se répercutent alors autour d'elles. Le bruit se recompose. Ou ce sont les objets qui se déplacent.

Mais, bien souvent, le message n'est pas interprété correctement. On préfère y voir un effet du hasard, ou la conséquence de la fatigue accumulée durant la semaine. Certaines personnes refusent même de dire ce qui s'est produit, par peur du ridicule, ou parce qu'elles occupent un poste important dans la société, et qu'elles craignent de nuire à leur image.

Il arrive également que les messages des

esprits nous parviennent par le biais des rêves. Les rêves, en effet, sont des phénomènes dont on ne comprend pas toujours la signification. De sorte que les gens, souvent, préfèrent ne pas leur accorder d'importance. Ils les rejettent, ils les oublient. Surtout quand la mort d'un proche y est annoncée. Sauf que la mort n'est pas une tragédie en soi, mais plutôt une porte donnant sur le merveilleux. Encore faut-il accepter de l'ouvrir.

Il m'arrive à moi aussi de faire des rêves liés au surnaturel. Et je ne manque jamais d'observer, dans les événements des jours suivants, qu'ils contenaient une vérité. Il peut s'agir d'un simple avertissement. D'autres fois, c'est plus sérieux. Mais jamais je ne réagis en cédant à la peur. C'est d'ailleurs un des premiers messages qu'il m'a été donné de recevoir de l'au-delà : « La peur tue l'esprit, et l'espérance tue la peur. »

Le médium, gardien de l'invisible

Émergeant doucement de ce passé empli de soleil, je m'aperçois que j'ai toujours la main de mon père dans la mienne. Je la repose délicatement. Je regarde à nouveau le visage de Papa.

C'est alors qu'une force soudaine m'attire vers ce visage. Je me rapproche de lui. Je suis habitée tout à coup par une impression étrange. Je m'attends à voir le corps s'animer de façon imminente. C'est ridicule puisque Papa est désormais sans vie ! Que se passe-t-il ? Une vibration est en train de se manifester entre son corps et mon cœur. C'est plus qu'une attirance. C'est un lien où s'enferme une paix rassurante. C'est la paix. Tout au fond de moi, une voix murmure :

— Je suis bien, à présent. Vois, j'ai quitté ce corps de souffrance. Je me transforme. Je deviens le papillon aux mille couleurs...

À la seconde même, mon attention est attirée du côté de la fenêtre où vibre une autre énergie, plus puissante, très condensée. Cet état vibratoire est nouveau pour moi. Il semble provenir de plusieurs énergies dégageant en même temps une forte sérénité. Ce sont les mémoires invisibles qui s'animent autour de moi. Je les sens qui me frôlent les épaules et le bas de la nuque. Je sais qu'elles sont là pour accompagner l'esprit de mon père. Bien sûr, je ne songe pas à leur opposer la moindre résistance. Je me contente d'apprécier à sa juste valeur un instant de paix, de calme et d'absolue sérénité. Ce que j'éprouve ressemble à une forme de neutralité. Je n'ai nul besoin de communiquer avec ces mémoires invisibles. Je sais intérieurement qu'elles ne m'en voudront pas. Elles-mêmes ne demandent qu'à respecter mon chagrin.

Un peu plus tard, je devine que l'une d'elles

émane de l'esprit de mon grand-père. J'entends sa voix rassurante murmurer :

— Tout se passera bien. Mon énergie est venue accompagner l'esprit de ton père.

Je suis restée une grande partie de la nuit au chevet de Papa. J'avais envie de lui parler mentalement, de lui dire que j'étais subitement redevenue la petite fille vulnérable d'autrefois, l'enfant qui le suivait dans ses promenades en sautillant à travers champs.

Aux premières lueurs du matin, j'ai les yeux rougis par les larmes. Cette nuit sans fin m'a épuisée. Je décide de rejoindre Maman au rez-de-chaussée. Une bonne odeur de café flotte dans la cuisine. Jusqu'ici, tout va bien. Maman a l'air de tenir le coup. Et c'est tant mieux, car une rude journée nous attend.

Je décide d'aller passer une heure chez moi, le temps de prendre une douche, de me changer, et de m'assurer que tout va bien à la maison. Il me faudra aussi annoncer la nouvelle à mes fils. La chose risque de n'être pas facile. Ils sont très attachés à leur grand-père. Mais la vie est ainsi faite : elle a ses bons côtés et ses profondes douleurs.

Mais je trouve Michel, mon mari, en train de m'attendre avec une mine épouvantable, comme s'il venait de voir une chose effrayante.

— Viens t'asseoir, me dit-il d'une voix blanche.

Nous allons dans le séjour. Je m'assieds. Il me raconte ceci :

— Il y a une heure, deux coups ont résonné dans le chambranle de la porte. Deux coups très forts, parfaitement distincts. Même les chiens en sont restés cloués sur place. Ils étaient pétrifiés... Mais tu as l'air toute contente. Explique-toi, je t'en supplie...

C'est vrai, je suis parfaitement heureuse. Je décide de lui révéler la vérité :

— Papa m'avait promis de me le faire savoir quand son esprit serait passé dans l'au-delà. C'était un code, un secret entre nous. Deux coups. Voilà. Il n'y a plus de secret, maintenant. Et tu as ton explication.

— Je suis rassuré, dit-il alors. Et content pour toi.

Après m'être rafraîchie, je retourne chez mes parents. Ce message m'a rendue plus sereine, et j'ai hâte de faire part à Maman de la bonne nouvelle. Mais j'apprends en arrivant qu'il s'est aussi passé quelque chose dans leur maison.

— Deux coups dans la boiserie du plafond, me dit Maman. Pendant que tu étais chez toi.

Et elle ajoute :

— Toi qui es médium, dis-moi, c'était ton père ?

— Oui. Ça y est. Il est passé de l'autre côté de la vie.

La voilà rassurée à son tour.

Toute la journée, l'esprit de mon père sera auprès de moi, captant ma sensibilité et la fortifiant tout en m'aidant à dépasser mon chagrin et ma douleur. Et peu à peu je me fortifie dans l'idée que cette protection constituera un appui considérable dans l'approfondissement de mon don de médium.

Il est entré dans la lumière

C'est aujourd'hui le jour de ses obsèques. Le soleil n'est pas au rendez-vous pour son dernier voyage. Le temps s'annonce brumeux et triste. Par moments, même, il tombe une légère bruine.

Dans l'église, mon regard s'attarde sur l'intérieur de l'édifice qui vient d'être rénové. Pourtant je dois me rendre à l'évidence : rien ici ne m'attire. Je ne ressens pas en ce lieu le souffle de la vie – ce souffle que j'avais trouvé si présent jadis, quand j'étais au cœur de la nature avec Papa. Dieu est vie, liberté, amour ! Alors pourquoi cet endroit ne respire-t-il pas ces valeurs ?

La cérémonie commence. Le prêtre vient à moi. Il me tend un cierge avec lequel je dois allumer ceux qui entourent le cercueil de mon père. Ainsi le veut la tradition, sans doute. Je sens le regard de mes enfants posés sur moi. Je vais essayer de ne pas faiblir. Je dois me montrer forte. À l'instant d'allumer le dernier cierge, un frisson me parcourt les cheveux, puis descend le long de ma nuque. En tant que médium, je suis accoutumée à ce genre de phénomènes surnaturels. En l'occurrence, c'est de l'esprit de mon père qu'il s'agit. Il est là, à mes côtés. Et son énergie est à jamais la même : rassurante et protectrice. Notre complicité vit toujours. De cet échange furtif, je tire une grande bouffée d'espoir. Je sens déjà monter en moi le bonheur de nos retrouvailles. Au moment de regagner ma place et de rejoindre les miens, je suis entièrement rassurée.

À gauche de l'autel, deux plantes en soie tiennent lieu de décoration. Je constate qu'elles remuent légèrement, comme sous l'effet d'une douce brise. Je connais cette église depuis belle lurette puisque j'y ai fait ma communion solennelle. Or je sais qu'il n'y a ni bouche d'aération ni chauffage à gauche de l'autel. L'espace d'un instant, je cesse d'écouter le sermon pour me concentrer sur la source d'énergie qui a pris naissance entre les plantes de soie. C'est alors que j'ai une vision. Mon père est là. Il sourit, comme à son habitude. Il porte son pull dont le col est ouvert. Il est visible jusqu'à la ceinture. L'apparition est en noir et blanc. Le visage de Papa s'entoure de lumière – mais une lumière douce, apaisante, qui ne fait pas mal aux yeux, et qui par instants devient légèrement opaque, presque laiteuse. J'observe mes proches à la dérobée. Quelqu'un d'autre a-t-il vu le phénomène ? Non. Tous ont les yeux fixés sur le prêtre. Tous passent à côté du merveilleux. Même Maman n'a rien vu : elle garde les yeux fixés sur le cercueil, comme absorbée par ses souvenirs de l'être aimé.

Le prêtre sait que je suis médium. Je devine qu'il est intrigué par mon attitude. J'ai envie de lui crier : « Arrêtez donc de parler pour ne rien dire ! Les mots que vous prononcez sont vides de sens ! Ce ne sont que des formules indéfiniment répétées à chaque rituel ! Vous ne voyez pas que le cercueil est vide, qu'il ne renferme que l'enveloppe de la chrysalide ? Vous ne voyez pas le papillon qui vole tout près de vous ? Vous ne voyez pas le merveilleux ? Vous ne ressentez donc rien ? »

Les fleurs ont cessé de remuer. La vision n'est plus là. Autour de moi, les visages sont graves, marqués d'une affreuse et pesante tristesse.

Je sais bien que les vraies larmes ne sont jamais inutiles, puisqu'elles révèlent la nature profonde de notre cœur. Mais est-il vraiment impossible de les accompagner d'un peu de tendresse, d'amour, d'espérance ? Ne peut-on pleurer en songeant qu'un jour nous nous reverrons dans un monde meilleur, au centre de l'au-delà ?

Une coutume nouvelle prévoit d'offrir à l'être cher les chansons qu'il a aimées de son vivant. En de telles circonstances, les mots ont leur place et ils font du bien, mais l'énergie de la musique apporte quelque chose en plus. Car la musique adoucit le cœur, du fait de sa propriété qui est de révéler les sentiments profonds. Selon moi, les sons possèdent une force plus puissante encore que les mots. Ils s'harmonisent avec les vibrations de l'esprit, et forment un écho autour de lui en l'accompagnant vers l'au-delà.

Mon père adorait la chanson d'Andréa Bocelli intitulée « Le jour où tu partiras ». Il l'avait demandée à Maman pour accompagner la cérémonie. Tandis que la voix de Bocelli résonne sous les voûtes de l'église, toutes mes pensées vont à Papa, à son bon sourire, à mes souvenirs d'enfance. Mais Gaétan, mon fils cadet, me pousse le coude.

— Maman...

— Quoi donc, mon chéri ?

— Regarde le grand vitrail, à droite. C'est Papy. Il est là. Il nous fait signe...

Gaétan est très pâle, mais sa joie est sincère. Sa main sur mon bras me fait du bien. Le grand vitrail auquel il fait allusion montre des épisodes de la vie de Jésus. Soudain un rayon de soleil traverse les couleurs et vient toucher le cercueil. Un nuage blanc se dessine, dans lequel mon père apparaît à nouveau avec une netteté parfaite. Et Gaétan a raison : il nous fait signe. Il nous dit au revoir. Ses traits sont empreints de confiance.

J'ai soudainement envie de me lever et de crier : « Ne pleurez plus ! Regardez plutôt ce rayon de lumière ! Admirez donc ce magnifique, ce merveilleux au revoir ! » Mais je ne puis le faire. Quelque chose m'en empêche. Le souci de respecter les gens, sans doute, et de ne pas paraître irrationnelle. Je sais que tout le monde n'est pas prêt à accepter l'existence de l'au-delà ; et que la plupart des gens venus à la cérémonie ignorent qu'il est possible d'accéder à un niveau de conscience différent, d'où l'on peut admirer la vraie beauté. C'est regrettable mais c'est ainsi.

Pour moi, je voudrais pouvoir retenir cet instant magique, mais mon expérience de médium m'a appris que l'on ne doit jamais essayer de retenir un esprit contre sa volonté. Ainsi le veut la règle de l'évolution entre les deux mondes. L'esprit doit se détacher tout seul, et lentement, de la matière, afin de pouvoir accéder à l'au-delà sans encombre. C'est ainsi, la tête posée sur l'épaule de Gaétan, que je vois avec émotion disparaître à nouveau l'esprit de Papa. La vision n'aura duré que quelques minutes, avant de se fondre dans le rayon de clarté. Mais elle aura nourri en moi une grande joie, ainsi qu'une forte envie de me battre pour faire connaître l'au-delà, renverser les interdits du passé et transmettre le plus beau des messages : « Ils sont vivants. »

Merci, Papa, pour cette vision magnifique. Regarde, les larmes coulent sur mes joues, mais ce sont des larmes de bonheur. Envole-toi, papillon aux mille couleurs ! Vis ta métamorphose dans la lumière d'un rayon de soleil.

Le soir, je parle à Maman des deux visions qui se sont succédé dans l'église. Je note qu'un sourire se dessine sur ses lèvres tandis qu'elle m'écoute. Ce qui retiendra son attention, en définitive, c'est le pull de Papa avec son col ouvert !

— Il adorait ce pull, dit-elle rêveusement. Il ne supportait pas d'en boutonner le col, tu sais bien...

— Est-ce que je pourrais le voir, le toucher ?

— Monte dans la chambre. Tu le trouveras dans la penderie.

L'instant d'après, je suis dans la chambre, et je serre contre mon cœur le vêtement de laine. Je suis un médium doté d'une forte sensibilité. Et à la minute présente, c'est l'émotion qui l'emporte. Le visage enfoui dans le pull de Papa, je donne libre cours à mes larmes, et laisse mon cœur se vider de sa souffrance. Il n'y a aucun ridicule à pleurer quand on en a besoin. Et ce que l'on ressent au fond de nous-mêmes doit toujours s'exprimer dans l'instant.

Mais il faut aussi savoir avancer. Et c'est avec le sourire que je replie le pull pour le remettre à sa place dans la penderie. C'est alors qu'une idée me vient. Un message n'est-il pas caché dans cette affaire de pull ? Oui, bien sûr. Papa me supplie de ne pas lâcher prise, de libérer ma pensée, de dire haut et fort ce que j'ai appris sur l'au-delà – bref, d'apporter encore et toujours de l'espoir. Tant de gens en ont besoin ! Tant de gens souffrent si fort au moment de voir partir leurs êtres chers ! Pourquoi ne pas les aider à accéder à un autre niveau de conscience ? Chacun, en effet, peut retrouver les personnes qu'il a aimées, non pas en tant que pères, mères, filles ou amis, mais en tant qu'esprits évolués ayant subi une métamorphose.

C'est à chacun de choisir sa voie. Bien sûr, que l'on peut vivre la mort comme un moment de désespoir auquel on se cramponne comme à une toile d'araignée chargée de poussière ! Mais l'existence possède aussi d'autres réalités. L'existence est aussi continuité. Je puis en témoigner personnellement grâce à mon expérience de transcommunication. Et je sais que les esprits, dans l'au-delà, ne souhaitent pas voir nos larmes ralentir ou entraver leur évolution vers leur nouvelle vie ; au contraire, ils préfèrent les pensées d'amour jaillies de notre cœur, et les souvenirs qui sentent bon le bonheur.

Grâce à la transcommunication, j'ai découvert qu'il n'y a pas de place pour la destruction dans l'univers. L'univers n'est fait que de cycles et de renaissances. Il est animé par une pulsion de vie invisible. Tous, autant que nous sommes, nous appartenons à une seule et même famille. Nous formons une unité avec l'invisible, et un seul mouvement – le mouvement même de la vie.

Deuxième partie

Dans la sérénité

Vole papillon

Vole papillon aux mille couleurs.
Écouter,
Pourquoi chuchoter tout bas,
Une vérité à laquelle l'on croit.
Cette vérité peut aider un plus démuni que soi.
Écouter,
C'est savoir donner dans un sourire la joie de vivre.
Savoir prendre la main qui se tend.
Écouter,
Écouter à travers l'anxiété d'un être mal aimé ;
C'est apprendre à partager en toute humilité.
Écouter un être de bois, c'est entendre son cœur qui bat.
Il ne peut être froid, ce cœur-là.
Il attend l'être de foi qui lui dira : « Viens avec moi. »
Écouter,
Écouter la pauvreté,
C'est apprendre à aimer ce que Dieu a créé dans la simplicité.

Écouter la liberté, c'est la respecter au nom de l'amitié.
Cette liberté tant désirée peut devenir un rêve coloré.
Écouter une blessure qui murmure et sans parjure,
Laisser couler son sang comme les larmes d'un enfant,
C'est écouter la raison.
Le temps refermera la blessure.
Écouter le cri de la vie qui à l'infini se traduit par les mots : « Je suis. »
Écouter en soi, c'est ressentir au-delà de ce qui sera
Et voir ce que d'autres ne voient pas :
Le mystère de l'être.

Les petits mots tant attendus

Au soir du dimanche 1er décembre 2002, mon regard s'attarde sur la pendule de la cuisine. Il est déjà vingt-trois heures vingt, et je m'affaire à terminer les derniers petits rangements quotidiens, quand soudain, sans raison apparente, je me sens envahie par une forme de mélancolie profonde impossible à contenir. C'est un phénomène que le vrai médium connaît bien. Il est toujours annonciateur d'une transcommunication, la communication avec l'au-delà.

J'ai envie de pleurer. J'éprouve le besoin de vider mon cœur et de me libérer intérieurement.

Il est clair que je souffre de l'absence de mon père. N'est-ce pas naturel ? Pour être médium, on est aussi humain. Les sentiments sont là, et les émotions.

Mais je perçois bientôt une présence. C'est l'esprit de Papa. Il est tout près de moi. Je sais désormais que le lien qui perdure entre lui et moi est affaire de vibrations.

Mentalement, je le cherche. Je me concentre aussi fort que possible. Hélas ! c'est peine perdue...

Cependant, je sais avec certitude que je ne dois pas appeler les esprits. Ce sont les esprits eux-mêmes qui choisissent le moment de s'adresser à moi.

C'est pourquoi je me remets à mes petits rangements. Je gagne la salle à manger. J'ouvre la porte du buffet. Une part de mon enfance est rangée là, dans des albums de photos. Je m'assieds. Je commence à les feuilleter.

Les souvenirs refont surface. Ils s'entrecroisent. Voici une communion, puis un baptême. Des visages me regardent du fond du passé. Papa est là, son impérissable sourire sur les lèvres. « Nous avons vécu ensemble de merveilleux moments, semble-t-il me dire. Ne les laisse pas tomber dans l'oubli. Fais-les vivre au fond de ton cœur. » Quand je referme mes albums, je suis habitée par une forme de paix intérieure. Maintenant, je suis bien...

De retour dans la cuisine, l'envie me prend d'écouter sa chanson préférée, celle que l'on a passée à l'église pendant la cérémonie. On dit souvent qu'une vibration profonde peut unir un esprit en évolution et une personne sur terre. La musique est une clé qui ouvre le cœur, et, quand le cœur s'ouvre, les valeurs qu'il renferme s'échappent librement.

La musique ne tarde pas à faire son effet. Un léger déplacement d'air se produit près de moi. Des vibrations d'une fluidité extrême, pareilles à des caresses, me parcourent les cheveux. Elles semblent se focaliser sur le côté gauche de ma tête, tandis qu'une autre forme d'énergie, plus forte, prend appui sur le côté droit. Cette seconde énergie me fait songer à une main invisible qui me presserait le crâne. J'en ai des frissons sur tout le corps.

Je n'ai pas peur. Pourquoi devrais-je craindre quelque chose ? Au contraire, j'éprouve un profond sentiment de sécurité. Ma bouffée de mélancolie s'est entièrement dissipée. Et pour cause ! Je suis toute à mon bonheur d'être entrée en contact avec l'énergie de l'esprit de mon père. L'espace d'un instant, tout est redevenu comme autrefois. Je sens vivre à nouveau la complicité si pure qui unissait le papa et sa fillette. C'est un instant magique et beau. Papa et moi formons une unité parfaite.

Je sais d'expérience que chaque esprit possède une énergie propre, dépendante de son évolution, plus ou moins élevée en fonction de son évolution dans la connaissance de la vie. Aussi chacun a-t-il sa force vibratoire particulière. Les esprits des petits enfants de l'au-delà, par exemple, en ont une à nulle autre pareille. D'autres, qui n'ont pas encore acquis la faculté de s'équilibrer, communiquent avec moi en m'adressant des messages tout simples comme « Bonjour », « Je vais bien », ou « Ici, c'est Christophe » ; à la suite de quoi ils disparaissent pendant des mois, parfois des années.

Mais l'énergie qui se dégage en ce moment de l'esprit de mon père est puissante, entière, pleine d'amour et de cette tendresse qui émanait déjà de mon grand-père.

J'ai insisté plus haut sur le mot *complicité*. Il faut en effet qu'une unité existe pour que soit possible la réception intégrale des messages de l'au-delà. Sans complicité, l'accès est rendu difficile, et les messages sont de courte durée.

Je me souviens de l'époque, qui remonte maintenant à quelques années, où je transcommuniquais avec l'esprit de mon grand-père. Son énergie était très différente de celle de Papa. Elle m'enveloppait la tête et descendait jusqu'à mes pieds. Puis elle prenait appui sur le côté gauche de mon crâne, comme une protection. Inversement, l'énergie qui émane des esprits des petits enfants me voletait dans les cheveux. Ces petits princes de l'au-delà sont très joueurs. Ce sont de vrais bambins farceurs. Ils laissent derrière eux le cadeau d'une brise légère, expression même de la vie. Il y a aussi les esprits tourmentés qui réclament de l'aide, et dont on s'imagine à tort qu'ils sont agressifs, simplement parce qu'ils font du bruit. Leur énergie erre dans notre monde en traînant avec elle des lots de mauvais souvenirs. J'ai appris à les connaître au-delà des bruits qu'ils font entendre pour se manifester. Il m'a suffi de savoir les écouter. Et les aimer, aussi. Pour qu'ils apprennent à évoluer, enfin délivrés d'une mémoire trop lourde à porter.

Je suis toujours dans ma cuisine. Il est plus de minuit maintenant. Le disque préféré de Papa touche à sa fin. L'énergie de l'esprit de Papa se manifeste avec plus de force. Je prends un bloc et un stylo. La transcommunication peut commencer.

Pourquoi suis-je aussi nerveuse ? J'ai pourtant l'habitude... Mais ce n'est pas tout à fait comme d'habitude puisque c'est de l'énergie de mon père qu'il s'agit ce soir. Cependant je ne tarde pas à recouvrer ma sérénité. Dès lors, les mots jaillissent de ma plume sous la dictée de Papa : « Ici, le temps n'existe plus. Je ne souffre pas. Je suis heureux... »

Mais j'aime trop aller au fond des choses pour me satisfaire de ces quelques éléments. J'ai besoin de réponses concrètes aux questions qui se posent à moi. Et, bien que la fatigue se fasse sentir en cette heure tardive, je décide de maintenir le contact et de poursuivre la transcommunication.

— Tu dis que le temps n'existe pas, là où tu es. Mais qu'entends-tu par là ?

— Je veux dire que le temps, ici, n'est pas mesurable comme sur terre. Ici, passé, présent et futur s'unissent dans la force motrice qui émane de l'évolution. Il n'y a donc qu'un seul tempo vibratoire pour toutes les formes du temps. Pourquoi l'une avancerait-elle plus vite que les autres ? Le temps, ici, est un tout : l'origine, la mémoire, le destin.

— Comment expliques-tu cet état de choses ?

— Je vais te proposer une image, Michèle. Retiens-la bien. Songe au destin d'un grain de blé. Quand tu le prends dans le creux de ta main, il est matière, bien sûr, mais il est aussi mémoire de tout ce que la vie a conçu depuis les temps immémoriaux, en même temps que futures récoltes. Il est donc le passé, le présent et l'avenir. Grâce à la puissance de la mémoire engrangée en lui, il pourra pratiquer les échanges nécessaires à la continuité de la vie qui est renaissance perpétuelle. Ainsi ce grain de blé a-t-il le pouvoir et le désir de renaître sous une forme concrète dont lui seul détient le secret à travers sa descendance. Ici, dans l'au-delà, la vie est comme ce grain de blé...

— Tu veux dire qu'elle est échange perpétuel entre les esprits et les mémoires en évolution ?

— Exactement. Sur terre, tu mesures le temps en secondes, minutes ou heures, parce qu'il existe chaque fois un arrêt qui permet à ta conscience de se manifester à des degrés d'évolution différents – comme prendre le temps de la réflexion, du repos, du repas, de la parole, de la création, du chagrin ou encore de l'amour. Mais, dans l'au-delà, l'énergie opère simultanément à des niveaux vibratoires différents. Elle crée sans cesse et engendre la structure de sa propre mémoire.

— Mais l'esprit désincarné ?

— Il se trouve dans une synthèse, un puissant assemblage qui renferme la mémoire du passé, du présent et du futur. Raison pour laquelle un adage populaire veut que tout soit écrit dans le « grand livre de la vie ».

— L'esprit se retrouve donc en même temps dans le passé, le présent et le futur de la mémoire universelle ?

— Oui. C'est ainsi qu'il reçoit l'équilibre de sa nouvelle forme, et accède à l'immortalité.

— C'est ce que tu appelles une forme énergétique ?

— La forme énergétique est une vibration qui possède constamment le même mouvement reproductif. Elle crée sans cesse de futures mémoires destinées à de jeunes esprits en attente de vivre dans un monde terrestre ou d'autres galaxies. Ces jeunes esprits, dans votre dimension, seront en quête d'une nouvelle transformation, avec comme bagage une partie de notre connaissance de la vie. Ainsi la vie se perpétue dans le visible et l'invisible, de mémoire en mémoire, de mutation en découverte.

Une énigme me turlupinait :

— On dit qu'il existe d'autres intelligences, dans d'autres mondes que la terre. Ont-elles, comme nous, une apparence humaine ?

— Certaines, oui. Mais d'autres existent comme des entités invisibles depuis les tout débuts de la vie. Ce sont des présences de haut niveau. Elles œuvrent à améliorer sans cesse la conscience universelle, et à protéger la connaissance des énergies parasites qui évoluent autour d'elle, et qui sont attirées par son rayonnement.

— Comment conçois-tu la conscience universelle dans l'au-delà ?

— Comme un engendrement perpétuel de multiples mémoires. Ces mémoires, toutes reliées ensemble, captent la connaissance des origines, et la répartit entre les différents niveaux de réceptivité. Car il y a plusieurs échelons dans l'au-delà. Des étapes à franchir, si tu préfères, pour l'esprit en évolution. Ces étapes ouvrent l'esprit à la connaissance. Ce qu'il faut bien comprendre, c'est que la connaissance ne peut être donnée à un esprit en une seule fois. L'esprit doit accepter son changement d'état, cette nouvelle vie qui désormais sera la sienne pour l'éternité. Une fois accepté ce principe, les informations lui seront distillées. Ainsi il pourra les assimiler progressivement. C'est le sens même de l'évolution.

— Tu m'as dit une fois que c'était un processus très simple.

— Je n'ai pas changé d'avis. Pense à un enfant placé devant un ordinateur. Au début, cette machine n'est rien d'autre pour lui qu'une occasion de tapoter sur des touches. Puis l'enfant grandit. Il apprend. Et l'ordinateur, un jour, cesse d'être un jouet pour devenir instrument de communication.

— Parle-moi de l'équilibre.

— L'équilibre est indispensable à l'esprit

pour évoluer. C'est aussi une forme d'apprentissage de l'esprit qui permettra à l'esprit désincarné de traverser sans encombre les dimensions de l'au-delà.

— Il n'y a donc pas de hasard.

— Non. Rien ne se perd dans l'évolution de la vie. Tout change de forme. Et les formes s'assemblent comme les pièces d'un puzzle. Elles se cherchent à travers les mémoires pour trouver une nouvelle identité.

— Mais ici, sur terre, puis-je communiquer avec les entités de haut niveau dont tu parlais ?

— Tu le fais déjà. Inconsciemment. D'où penses-tu que proviennent toutes les informations que tu possèdes sur les secrets des civilisations disparues, les origines de l'écriture ou autre ? Ce que tu as appris t'a été transmis par elles.

— Par quel truchement ?

— Grâce à la force de ta pensée. Tu peux communiquer sans crainte avec elles. C'est sans danger. Ton évolution sur terre suit un chemin tracé depuis longtemps. Dans l'invisible, les formes de l'énergie sont générées de façon à reproduire immédiatement un double de leur mémoire. Ce double est projeté dans une autre dimension : l'au-delà. C'est un échange vibratoire, un processus naturel créé et réglé par la vie.

— Ce double dont tu parles continue-t-il d'évoluer seul dans les dimensions de l'au-delà pendant le passage de l'esprit sur terre ?

— Oui. Il continue de se perfectionner. Il possède les clés qui ouvrent la porte de l'origine de chaque esprit. Ce double est en fait l'énergie jumelle de l'esprit. Il renforce sa mémoire lors du passage dit de la *purification*.

— Je ne comprends pas. Sur terre, tu as toujours fait le bien. Pourquoi ton esprit doit-il passer par cette phase de la purification ?

— Garde-toi de confondre purification et expiation, Michèle. Il n'est question ni d'expier des fautes ni de subir une punition. Les mots et les pensées n'ont pas le même sens chez vous et chez nous. Ici, purification veut dire séparation des souvenirs et de leurs ressentis, tout simplement.

Les réponses de Papa me renforcent dans ma conviction : son esprit a trouvé sa place dans ce magnifique tableau. Mais, depuis quelque temps, je me pose la question de savoir où se trouve l'au-delà par rapport à notre propre dimension. En d'autres termes, l'au-delà fait-il partie de notre règne terrestre, ou est-il relié à nous par certaines fréquences vibratoires ? Lors de mes expériences de transcommunication, j'ai constaté que mon besoin de communiquer avec un esprit est souvent suivi d'effets. J'en déduis que l'au-delà est très proche de moi, de ma pensée. Peut-être est-il intérieur à mon corps, qui sait ? Mais c'est un point sur lequel je brûle d'avoir l'opinion de Papa :

— Michèle, ma chérie, l'invisible est tout proche de toi. Nos mondes se touchent. Ils s'effleurent, tout en respectant une limite imposée par les rythmes de la vie. Car l'énergie de l'invisible ne doit pas venir perturber celle de la matière. Mais les ouvertures pour accéder mentalement à l'au-delà existent dans ta dimension. Et il n'y a qu'une clé pour ouvrir ces portes : le cœur. La rencontre avec l'au-delà, c'est seulement une question de pureté des vibrations... L'une de ces portes se trouve dans ta maison. C'est elle qui nous permet de communiquer en laissant passer les vibrations de l'amour. N'oublie pas que mon esprit se trouve dans la première dimension, celle où l'on apprend le véritable sens du partage. Raison pour laquelle notre petite conversation est projetée et diffusée en même temps vers certains niveaux qui constituent l'au-delà, pour être partagée avec d'autres esprits. Et ce miracle est rendu possible par l'espace-temps qui se trouve entre ta dimension et la mienne.

— Comment peut-on se représenter cet espace-temps ?

— Disons comme un couloir où circulent des énergies de toutes sortes. On pourrait parler aussi d'une chambre d'écho où se répercutent les sons venus des différentes dimensions. Quand un esprit décide de faire passer un message par l'intermédiaire de la « voix » (c'est ce que l'on appelle la transcommunication instrumentale), son énergie se mémorise non pas sur la personne avec laquelle il veut communiquer, mais sur l'ensemble des vibrations à l'œuvre dans l'espace-temps. Quand l'esprit émet un « mot » dans cet espace-temps, ce mot peut arriver sur terre sous une forme primaire, comme un son déformé ou lointain. Ensuite il se détend. Il mélange son énergie à celle de l'espace-temps. Il gagne en puissance. Et c'est ainsi qu'il peut reproduire le message attendu sur terre.

— Donc, toutes nos conversations sont perçues, au niveau vibratoire, par la plupart des esprits en évolution...

— Exactement.

À la réflexion, cela ne me gêne pas. Telle est la force du partage – et j'ai toujours eu à cœur de partager avec mes semblables. Pourtant je me demande ce que peuvent bien apporter aux esprits en évolution les expériences de transcommunication qui s'effectuent entre Papa et moi ! La réponse à cette question est fort simple. Ce qui se transmet dans ces échanges, c'est purement et simplement l'énergie de l'amour. Or c'est l'énergie de l'amour que recherchent les esprits. Encore une fois, l'image du papillon s'impose à mes pensées : l'amour ouvre les portes de l'au-delà et renforce les esprits dans leur quête de vérité. Papa me conforte d'ailleurs dans cette réflexion :

— Un esprit qui donne et reçoit de l'amour

évoluera plus vite qu'un esprit fermé. L'esprit qui refuse l'énergie *amour* se condamne à stagner au milieu de ses tourments.

Et l'esprit de mon père d'ajouter :

— Nous avons besoin de recevoir vos pensées d'amour, Michèle. Alors ne pleurez pas. Nous sommes ici en paix, et je suis heureux.

C'est vrai, me dis-je, pourquoi faut-il toujours pleurer et se complaire dans un malheur imaginaire ? J'aurais envie de poser encore mille questions à Papa, mais c'est lui qui décide de relancer la discussion par ces mots :

— Une mémoire commune permet à l'esprit de se déplacer dans les divers espaces-temps.

— Qu'entends-tu par *mémoire commune*, Papa ? Est-ce la mémoire de nos ressentis à tous ?

— C'est une énergie comparable à un satellite. Elle porte la force de notre nouvelle incarnation, de notre métamorphose. Elle renferme aussi les ouvertures qui nous permettent, à nous esprits, d'accéder aux vibrations des nouveaux mondes invisibles qui se créent éternellement. Représente-toi un processus de création, un mouvement pareil aux milliers de vagues sur la mer infinie. Les fréquences vibratoires se suivent et se touchent en émettant des multitudes de forces énergétiques variées. C'est grâce à ces forces énergétiques que tu peux entrer en communication avec tous les esprits. Elles sont déjà en action avant la mort clinique de l'être humain, dans les derniers instants de son existence terrestre. Car elles sont depuis toujours en contact avec un esprit vivant dans un corps. Elles appartiennent à la mémoire de l'esprit. Elles sont là dès sa conception. Elles contiennent en germe une intuition, une réceptivité, une sensibilité. En elles reposent la véritable origine de la vie, ses fréquences, ses vibrations, son ADN. Dès sa conception, l'esprit détient dans sa mémoire toutes les fréquences de ce mouvement unique ; et jamais la mémoire de l'esprit n'oublie les expériences passées.

— J'aime ton image des vagues sur la mer infinie. Tu en as employé une autre, un jour, celle de l'aurore boréale...

— Oui, les sillons. Les petits couloirs, si tu préfères, qui s'enroulent les uns autour des autres comme en un mouvement de spirale. Cette spirale, à son tour, forme de nouveaux couloirs d'énergie pure par lesquels transitent les esprits pour avoir accès à d'autres mondes.

— J'aimerais avoir des précisions sur ces sillons, ou couloirs...

— Ils sont formés de millions de petites poches d'énergie qui vibrent ensemble sur un même tempo. Chaque poche renferme une force de propulsion, un mouvement intérieur qui répond à la fréquence du couloir, à son appel autrement dit. La propulsion de ces poches d'énergie permet au mouvement du couloir de s'élargir ou de se restreindre. Lorsque mon esprit se trouve à l'intérieur d'un de ces couloirs, les poches d'énergie s'adaptent aux vibrations que celui-ci dégage, et mon esprit n'a plus qu'à se laisser porter d'un couloir à l'autre, dans l'au-delà. D'où la facilité qu'ont les esprits de se trouver en même temps en des lieux différents. D'où le fait qu'il n'y a pas de place pour le « temps » dans l'évolution de l'au-delà. Sur terre, le temps délimite une fonction précise : travailler, dormir, penser, rire ou pleurer. Il y a un temps pour chaque chose, tout est chronométré. Dans l'au-delà, c'est différent. Le temps est sans limites. Son énergie se multiplie et se déplace comme un éventail infini.

Plus cet échange avec Papa avance, mieux je comprends la différence qui existe entre nos deux mondes. Je comprends aussi que ma réflexion fait partie intégrante de la nature. Or nous devons découvrir la nature. Nous devons prendre le temps de l'admirer, et surtout de l'apprécier dans ses changements. Si nous savons être à l'écoute de la nature, la nature nous récompensera toujours par une découverte intérieure.

Aujourd'hui, je sais que mon père m'a permis de découvrir des trésors inoubliables, si simples soient-ils. Grâce à eux, j'ai acquis une force extraordinaire que j'emporterai avec moi le jour de mon voyage vers l'au-delà. Et ce bagage est contenu dans le mot préféré de mon père : *amour*.

L'esprit de mon père n'est plus là. La vie

d'ici-bas peut reprendre son cours. Je consulte les notes qui noircissent maintenant les feuilles de mon bloc. Puis je vais enfin me coucher.

Passent plusieurs jours, pendant lesquels l'esprit ne se manifeste pas. J'en profite pour jardiner. Ces besognes me sont indispensables. J'ai tant besoin d'un bon bol d'air ! Le travail avec l'au-delà est exténuant. Et m'occuper de mes rosiers me détend. Cette année, justement, ils sont superbes. Ils donnent des fleurs dont je goûte et fais goûter les parfums subtils.

À la fin de l'après-midi, tandis que le soleil répand ses rayons sur mes massifs bien nettoyés, il me semble distinguer un mot dans le murmure des pommiers aux branches secouées par le vent : « Viens... » Je me dirige vers mes arbres. Je m'appuie au tronc de l'un d'eux. Je me laisse bercer par la beauté du décor. Les yeux mi-clos, je respire un air chargé de senteurs. Puis je veux regagner la maison. C'est alors que j'éprouve dans mon dos une poussée amicale. Je sais très bien que je suis seule au jardin. Aussi je comprends tout de suite : c'est une demande de transcommunication.

J'entre dans la maison. Je vais m'asseoir devant l'ordinateur. Inutile de demander qui m'a fait signe.

— Comment vas-tu ?

L'esprit de Papa me fait comprendre qu'il va bien.

Cela veut dire qu'il est rechargé en énergie. Il est donc possible de communiquer. Et, justement, je me suis aperçu que je manquais d'éléments logiques pour expliquer le remplacement du temps dans l'au-delà. Timidement, je m'aventure à poser la question. La réponse ne se fait pas attendre :

— L'élément que tu cherches, Michèle, s'inscrit dans une formule que tu risques de trouver barbare : « Vitesse d'insertion de la connaissance de la vie à des niveaux de conscience différents. »

— Ça m'a l'air compliqué...

— Ça en a l'air mais ça ne l'est pas. La vitesse d'insertion est la vitesse avec laquelle l'esprit enregistre les informations qui constituent la connaissance. Pour l'instant, mon esprit se situe dans la première phase qui est une phase de découverte calme et sereine. Il reçoit les informations venues de l'au-delà grâce à l'énergie dégagée par les êtres de lumière. Il doit les assimiler, les évaluer et les mémoriser. C'est un peu comme si j'étais à l'école, tu vois.

— Tu ne pourrais pas m'en dire un peu plus, Papa ?

— Imagine que tu es devant le mouvement de l'aurore boréale, Michèle. Ce mouvement possède des fréquences vibratoires dans lesquelles évoluent des ondes. De ces ondes, naissent des vibrations, lesquelles ne sont rien d'autre que des informations présentes depuis le commencement de la vie. Les fréquences dont je parle ont pris la forme d'un mouvement unique, perpétuel, en déplacement dans les dimensions innombrables. Ce mouvement est le fondement même de la vie, sa mémoire et sa fondation.

— Si je comprends bien, ton esprit absorbe la connaissance de la vraie vie.

— Oui.

Je me dis que tout cela est purement et simplement magnifique. Ici, de « notre » côté de la vie, nous nous sentons toujours dépassés par les événements. Moi-même, je suis déroutée par les mystères d'un univers devant lequel je me sens si petite, si fragile.

Mais de nouveau la présence de mon père se manifeste : un déplacement d'air s'est produit dans mes cheveux.

— Merci, ma grande.

— Merci de quoi, Papa ?

— D'avoir fait jouer cette chanson à l'église. Andrea Bocelli. Cette preuve d'amour m'a aidé à m'élever vers le merveilleux.

— C'est plutôt à moi de te remercier, Papa ! Tu nous as offert une superbe vision, à Gaétan et à moi.

— Je ne suis pas seul auprès de toi, en ce moment, tu sais. D'autres esprits sont là. Ils souhaitent communiquer avec toi.

En effet, je perçois ces présences amicales.

Sans doute appartiennent-elles à mon passé. Il doit s'agir d'esprits de personnes que j'ai connues jadis. Mais il m'est impossible de les identifier, pour la bonne raison que je suis « branchée » avec l'esprit de Papa. Il ne faut jamais se laisser pénétrer par d'autres esprits quand on est déjà en transcommunication, au risque de sombrer dans une forme de dépression. En effet, nos dimensions sont différentes. Ici, nous évoluons sur le mode de la matière, tandis que les esprits évoluent sur le mode de l'énergie. Il convient donc d'être prudent, et de savoir dire : « Chacun son tour... »

— À t'entendre, dis-je à l'intention de Papa, on est plus heureux de l'autre côté de la vie...

— C'est tout à fait différent...

— Tu as pourtant dit tout à l'heure : « Nous sommes ici en paix, et je suis heureux. »

— C'est vrai. Car dans l'au-delà, nos esprits sont guidés seulement par l'énergie émanant de ces ressentis que nous mettons en commun. Ici, règne le partage. Chaque esprit a ses ressentis. Moi, j'ai le souvenir de l'amour éprouvé quand j'ai rencontré ta mère, quand tu es née, quand tu as mis tes enfants au monde. D'autres ont les leurs. Mais tous les ressentis sont mis en commun, comme on partagerait des battements de cœur. Et ce sont eux qui entrent désormais dans l'évolution de ma vie...

— Tu veux dire que les esprits forment un puzzle gigantesque ?

— Tu as très bien compris. C'est de ce puzzle toujours en évolution que naît l'espoir. Cet espoir nécessaire à ceux qui doivent aller plus loin...

— Ça doit être sublime...

— C'est une contemplation sublime, oui. La contemplation de l'éternité.

Le partage dans l'Amour

Quand tu seras arrivé à la fin de ton voyage, pose tes bagages.

Ils sont devenus trop lourds.

Remplace-les par l'amour.

La vraie vie, cette vie que nous craignons si fort de perdre quand vient notre dernière heure, n'est rien d'autre qu'amour. Quand Papa me dit : « Nous sommes ici en paix, et je suis heureux », c'est comme si nous partagions lui et moi la même réalité. Aussitôt je ressens à mon tour du bien-être. Papa est devenu énergie pure, et cette énergie opère dans mon cœur aussi bien que dans ma mémoire en tant qu'esprit. Souvent, après son départ, je reste longtemps pensive devant le clavier de mon ordinateur. Ai-je bien saisi ce qu'il a voulu m'aider à comprendre ? Puis mon regard se détourne et s'attarde sur la cheminée où repose une statuette de Jésus montrant son cœur. Alors tout devient clair. Le cœur de Jésus représente son esprit, cette énergie vivante et pure qui jamais ne se tarira. Le cœur de Jésus rayonne parce qu'il est entouré des ressentis authentiques de la vie. Tel est le sens de l'évolution. C'est ce qu'a voulu dire l'esprit de mon père. Seul l'amour peut traverser toutes les dimensions de l'esprit.

Passent quelques jours, puis Papa est présent à nouveau. Sachant que je me pose beaucoup de questions sur la mémoire, il me dit :

— Ici, dans l'au-delà, la mémoire perçoit de moins en moins fort les souvenirs terrestres. Elle s'attache aux ressentis de l'esprit, et c'est indéniablement l'oubli qui prend le relais. L'esprit peut alors se tourner vers sa nouvelle vie, et poursuivre son chemin vers l'éternité, tout en conservant les ressentis de sa vie matérielle. Mais l'esprit ne reste pas attaché aux souvenirs terrestres. D'ailleurs ces souvenirs pèsent parfois très lourd. Ils peuvent être chargés d'ondes négatives. Tout dépend du contexte dans lequel les événements ont été vécus. Mais s'il existe, dans ces souvenirs, ne serait-ce qu'une étincelle capable de ranimer des sentiments vrais, elle sera retenue dans la première dimension de l'au-delà comme une petite énergie pure, utile pour avancer dans l'évolution.

— Ainsi, les souvenirs comportent des niveaux différents ?

— Quand tu te rappelles, par exemple, un des bons moments que nous avons passés ensemble, tu le situes dans ta mémoire, tu le rattaches à un instant, à une époque donnée. Tu le rattaches aussi à un décor : la maison, le jardin, les bois où nous partions en promenade avec nos vélos. Et tu l'associes enfin à des sensations – la joie d'un sourire, le bonheur, un sentiment de plénitude. Mais quelque chose se cache sous cet ensemble d'éléments : le ressenti authentique.

— Il y a une autre question que je me pose souvent, c'est de savoir si nous serons jugés dans l'au-delà. Beaucoup de gens le pensent, mais pour ma part je ne crois pas que ce soit vrai.

— Tu as raison, Michèle. Ce n'est pas vrai. Il n'y a pas de jugement. Il n'y a qu'une séparation volontaire. Les souvenirs s'en vont d'un côté et les ressentis de l'autre. Il n'existe ici ni enfer ni paradis. Enfer et paradis sont des images qui servent à tenir l'homme sous le pouvoir d'un dogme. Il s'agit d'une fausse croyance. La seule réalité qui ait un sens, c'est le sentiment vrai. Toute harmonie vient de là. Et toute sérénité.

— Est-ce que tu ne te sens pas un peu comme un étranger, au milieu de toutes ces notions nouvelles ?

— Pas du tout. J'ai même l'impression de revivre quelque chose, en fait. Et puis, il y a nos transcommunications...

— Eh bien, moi, tu me manques.

— C'est normal, tu sais. Mais comme je te l'ai dit, les mêmes phénomènes prennent ici un sens absolument différent.

Une autre question traverse mes pensées, que j'ose à peine poser :

— Ton esprit a-t-il souffert, quand tu es passé de l'autre côté ?

— Dans la vraie vie, tu veux dire. Il a dû fournir un effort intense. Et cet effort, inévitablement, m'a fait perdre beaucoup d'énergie. Le passage exige une grande volonté. C'est un peu comme se retrouver tout à coup au milieu d'un désert. Il y a une grande solitude. Mais une force te pousse, que tu ne connais pas. Et grâce à cette force, à cette présence, tu sens que tu n'es pas abandonné à toi-même. Tu sais qu'à tout esprit est offerte la possibilité d'évoluer. C'est à chacun de se déterminer.

Le dialogue du cœur

Laisser parler les couleurs de notre cœur
Avec douceur.
Donner le sourire du bonheur
À celui qui souffre.
Savoir pardonner dans les couleurs enchantées,
C'est savoir aimer dans un cercle coloré.
Savoir partager dans un moment d'anxiété,
C'est faire preuve de générosité.
Réchauffer un cœur blessé,
C'est savoir dialoguer dans l'amour de l'unité.
Envoyer une pensée émerveillée vers un être torturé,
C'est le réchauffer dans les couleurs de l'été.
Caresser une joue ridée par les années,
C'est donner la douceur dans la réalité.
Parler à son cœur comme à un porte-bonheur,
C'est lui redonner vigueur.
Pleurer avec son cœur, c'est faire preuve de sagesse,
Et acquérir une immense richesse.
Si tous les cœurs s'unissaient dans un seul bonheur,
Fleurirait la rose aux mille senteurs.

Mot de passe « Amour »

Dans notre monde, l'union fait la force, mais dans l'au-delà, le dialogue forme l'esprit et l'aide à se régénérer grâce aux mots simples de l'amour. Je m'efforce de comprendre cette autre conception de l'au-delà, et ce n'est pas chose facile. Pourtant je ne change rien à ma façon d'être. Je poursuis mes conversations avec l'esprit de mon père – comme autrefois quand il était encore de ce monde. Avec le temps, je me rends compte que l'amour est le lien unique qui relie les êtres entre eux. La lumière de l'amour ne doit jamais s'éteindre ; elle est le trait d'union entre l'au-delà et nous.

Ainsi, lors de nos expériences de transcommunication, je sens que mes pensées enferment de grandes quantités d'amour. Ce sont les sentiments profonds qui continuent de former la base de nos « rencontres », cette union invisible de nos ressentis respectifs.

Le don que je possède me permet de voir et de ressentir bien des choses, et je l'assume en donnant le meilleur de moi-même. Mais si je voulais, au début, comprendre le *pourquoi*, c'est le *comment* qui m'intéresse aujourd'hui. De ma fenêtre, j'observe le va-et-vient des habitants de mon quartier. Pourtant je ne les vois pas. Je suis ailleurs. Je suis dans ce dialogue avec l'esprit de Papa. Mais derrière moi, la porte s'ouvre.

— Salut, M'man !

Retour à la réalité présente : mes fils rentrent de l'école.

— Qu'est-ce que tu fais ? veut savoir Gaétan.

— Je communique avec Papy...

— Qu'est-ce qu'il te raconte, Papy ?

— Il m'explique. La vie dans l'au-delà. Des choses pas faciles à comprendre, tu sais...

— Bon courage, M'man ! dit Jonathan en affichant un large sourire. Laisse pas tomber !

Ils s'en vont faire leurs devoirs. Le processus de transcommunication est de nouveau en marche. Mais quel est le processus qui me permet d'entrer en contact avec l'au-delà ? La réponse ne se fait pas attendre :

— La combinaison de certaines molécules d'énergie permet d'établir une relation directe avec ta mémoire. Lorsque tu communiques avec moi, Michèle, tu te places toi-même sur les vibrations du canal par lequel nous sommes reliés. Ce canal ne s'est jamais fermé. La combinaison des molécules était une information inscrite dans la mémoire de ton esprit avant ta naissance. Elle fait partie de toi...

— Est-ce que ce n'est pas un peu comme le sixième sens des animaux ?

— Si. Les animaux ressentent le danger avant de le voir grâce à ce sixième sens auquel tu fais allusion, et qui appartient à leur mémoire. De la même façon, tu es toujours en contact direct avec l'au-delà, quand bien même tu n'en as pas conscience...

L'esprit de Papa me laisse assimiler ces notions, puis reprend :

— J'insiste. Il existe des courants vibratoires entre l'au-delà et l'espace-temps où tu évolues sur terre. Ces courants sont d'une sensibilité extrême. Ils forment une membrane. Lors de nos expériences de transcommunication, l'énergie de mon esprit fait vibrer cette membrane, et c'est ainsi que te parviennent les données émises par moi. Et si la membrane se laisse pénétrer par mon esprit, c'est que mon esprit contient les ressentis profonds de nos souvenirs communs. Ainsi s'instaure ton dialogue avec l'au-delà.

Et Papa d'ajouter :

— Contrairement à ce que vous pensez sur terre, l'esprit ne communique pas avec vous par le truchement de la matière. Il se manifeste sous une autre forme, par des apparitions notamment. Les apparitions ne sont pas des hallucinations, à l'inverse de ce qu'imaginent beaucoup de gens. Il s'agit des esprits des disparus. Ils cherchent à rassurer leurs proches, à leur apporter un peu de réconfort. À leur faire comprendre que l'esprit est immortel, qu'il continue de vivre après la disparition de l'enveloppe matérielle.

L'apparition

Quelques jours après ces expériences de transcommunication, Maman savoure une crème glacée dans sa salle à manger quand soudain se manifeste l'énergie de mon père. C'est une apparition. Papa est là, devant elle, comme autrefois. Il la regarde. Il porte même son pantalon de tous les jours et sa chemise en flanelle. Après quelques secondes, il se déplace en direction de la cuisine et disparaît.

— Je suis sûre de ne pas avoir rêvé, se dit Maman à haute voix.

Et elle se précipite sur le téléphone pour me raconter ce qui vient de lui arriver.

— Tu ne voudrais pas venir ? dit-elle.

Quelques minutes plus tard, je la rejoins chez elle. Dès que je pénètre dans la maison, une énergie me frappe de plein fouet. C'est un signe qui ne trompe pas. Il y a bien eu ici incursion d'un esprit. Tout en concentrant mes pensées sur l'énergie, je me dirige vers la cuisine. Je m'aperçois alors que l'énergie diminue.

— Il a dû repartir de l'autre côté, murmure Maman.

C'est exactement cela : de l'autre côté de la vie.

L'apparition se produit de nouveau quelques jours plus tard, dans des circonstances à peu près identiques. Maman n'est pas moins surprise que la première fois, mais elle est aussi contente de revoir son mari. Mais Papa, semble-t-il, essaie de lui faire comprendre quelque chose. Il lui montre son torse parsemé de pastilles de résonance reliées entre elles par des connexions. Le message est clair. Ce n'est pas une hallucination. Papa est parti à cause de ses problèmes cardiaques. Peu à peu, l'apparition se dissipe. L'esprit s'en va comme il était venu.

Je sais pertinemment que Maman et moi ne sommes pas les seuls êtres à recevoir des visites de l'au-delà. Nombre de personnes sont concernées par ce phénomène. Mais comment les expliquer ? Telle est la question que beaucoup se posent.

Le corps matériel de mon père n'étant plus là pour le représenter, son esprit doit fournir un effort considérable pour parvenir dans notre espace-temps, et reformer l'image qui était autrefois la sienne sur terre. S'il peut accomplir une telle prouesse, c'est qu'il possède une force énergétique considérable. Mais son apparition est une preuve de la survivance de l'esprit et de la mémoire dans la dimension de l'au-delà.

Ce qu'il faut savoir, c'est que chaque chose créée par la vie dans le visible et l'invisible est entourée d'une matière sombre qui reste en équilibre un certain temps après la disparition de la matière – ou de l'enveloppe corporelle, dans le cas d'un individu. Cette matière sombre peut être comparée à une forme qui reproduit le corps dans ses moindres détails, et peut se focaliser sur l'empreinte laissée par la personne lors de son passage sur terre. Par exemple, la matière sombre est capable de reproduire une copie conforme de l'apparence qu'avait Papa de son vivant. Elle ne doit pas être confondue avec l'énergie des ressentis qui se manifeste lors des transcommunications par des caresses dans mes cheveux ou une pression sur le haut de ma tête.

Plus compacte que celle de la mémoire de l'esprit, l'énergie de la connaissance de la vie dans l'au-delà ne peut traverser la membrane qui nous sépare. Un son peut le faire, pas elle. Mais le son peut porter loin sans se modifier car il se multiplie à l'infini comme un écho. Elle, elle doit être protégée, elle doit rester intégrale depuis son point de départ – la mémoire de l'esprit de Papa – jusqu'à son arrivée dans les vibrations de mon propre esprit sur terre. En effet, la connaissance doit demeurer intacte pour être perçue comme telle. Or, si elle devait traverser la matière, elle serait entièrement irradiée et détruite par les vibrations qui en émanent.

L'esprit de Papa m'explique :

— Sur terre, tu vis dans une dimension où ton esprit est entièrement uni à la matière. Tes idées, tes joies et tes peines, tes découvertes – tout est uni à la matière. Or ce n'est pas le cas ici, où tout est pure sensibilité. Ici nous n'éprouvons plus ce besoin mécanique de réfléchir. Ici, nous sommes devenus connaissance unique. Notre mémoire commune vibre sans cesse dans la force de l'unité. Nous ne formons plus qu'une seule et même énergie dans notre nouvelle vie.

Et il poursuit :

— Sur terre, tu as besoin de penser avant de prendre une décision. Tu penses à travers ton quotidien, ta petite famille, ta maison. Et pendant ce temps tu captes d'innombrables énergies dont certaines sont bonnes et d'autres non. Certaines sont chargées de tristesse, de conflits, d'énervement, de doutes. C'est pourquoi tu es quelquefois si épuisée à la fin de ta journée. C'est à cause de toute cette énergie disloquée, gaspillée et perdue. Mais ce processus est naturel puisque tu es précisément sur terre pour apprendre les dures lois de la matière.

Ainsi Papa m'a-t-il aidée à comprendre le fonctionnement du don psychique qui est le mien, l'existence d'une porte mentale entre les dimensions, la façon dont la mémoire se met à l'écoute sur un plan vibratoire différent. Pour lui, j'ai toujours possédé cette capacité. J'étais destinée à devenir un relais entre les hommes et l'au-delà. Avec l'âge, cette faculté s'est développée. Elle est désormais un don de perception. Elle n'empêche en aucun cas ma conscience d'évoluer normalement, puisque tout se passe à des niveaux de perception différents. D'ailleurs j'ai tout loisir de vaquer à mes occupations quotidiennes, et de les interrompre pour une séance de transcommunication.

Ces fructueux dialogues avec l'esprit de mon père me permettent de comprendre que nous sommes sur terre des grains de sable, comparativement à la connaissance telle qu'elle existe dans l'au-delà. Ici-bas, que connaissons-nous de nous-mêmes ? Peu de chose. Et de la vie, encore moins.

— Dans l'au-delà, dit mon père, les énergies émanant du souvenir des fleurs et des animaux se côtoient en toute liberté et dans le respect mutuel. Comme chez vous, il y a la beauté des montagnes, la limpidité des sources et des rivières. Mais ce n'est pas le même ressenti. La vision que nous avons de ces phénomènes est différente. Nos yeux sont devenus énergie. Lorsque je m'approche d'une « maison », par exemple, je ne vois pas cette maison. Je ressens la chaleur qui s'en dégage et qui renferme les ressentis des souvenirs heureux. Tu sais que j'affectionnais beaucoup les animaux...

— Surtout les lapins, Papa !

— Oui. Surtout les lapins. Ils existent ici aussi, mais sous forme de mémoire. Et crois-moi, c'est une expérience merveilleuse de ressentir les choses à ce niveau-là.

— Est-ce que ça ne te fait pas peur, quelquefois ?

— Cette dimension aide les esprits qui viennent de quitter la terre à vivre en harmonie avec les énergies qu'ils ont côtoyées jadis sur terre. Il y a un passage qui nous permet de nous stabiliser au plan vibratoire. De nous détendre aussi. Et de nous détacher de la peur et des angoisses qui restent souvent accrochées à notre vécu terrestre. Lors des transcommunications, tu n'entendras jamais un esprit en évolution se plaindre. Comme je te l'ai dit, nous sommes bien dans ce monde parallèle. Car ici nous connaissons la paix.

Ce que dit mon père réveille en moi des souvenirs. Par le passé, lors d'autres transcommunications, les messages des esprits s'accompagnaient souvent de visions, des tableaux représentant par exemple un jardin bien ordonné, des allées bordées de fleurs, ou encore un village d'où émanait une impression d'étrange sérénité, où régnait un silence absolu, bénéfique. Je sais maintenant que ces esprits essayaient de me faire partager un peu de leur monde.

Et, quand j'y repense, je sens combien il est important de réapprendre à éprouver les autres de l'intérieur. En effet, ces ressentis seront au premier plan dans l'autre monde.

Certaines personnes me demandent parfois timidement ce qu'il adviendra des animaux qu'ils auront chéris lors de leur passage sur terre. Un jour que je posai la question à mon père, il me fit cette réponse :

— Pour les animaux, c'est très différent. Leur esprit demande seulement une évolution simple. Ils doivent tout bonnement se ressourcer.

— Ils n'ont droit qu'à une seule forme d'évolution ?

— Durant leur existence sur terre, leur mémoire enferme en tout et pour tout deux éléments importants : le cycle de reproduction de l'espèce et sa survie. Ces deux éléments leur suffisent à trouver leur place. Ils n'ont pas besoin de connaître l'algèbre, n'est-ce pas ? Ici, dans l'au-delà, ils retrouvent leur mémoire intacte. Leurs esprits évoluent en s'unissant les uns aux autres, et c'est tout. Dans ma dimension il n'existe pas de catégories où classer les esprits des animaux. L'esprit de l'oiseau côtoie celui du chien ou du chat. Il n'y a aucune mésentente. Lorsqu'ils sont prêts pour une autre évolution dans une énergie différente, ils sont attirés par elle, et ils se métamorphosent en fonction de cette énergie.

— Pour revenir aux humains, certains ne sont-ils pas désemparés par leur nouvelle évolution ?

— Ça peut arriver. Il est des esprits qui n'ont pas bénéficié de beaucoup d'amour. Ils sont perdus, en plein désarroi. Ou bien ils souffrent d'avoir perdu des biens matériels qu'ils auraient voulu ne jamais lâcher. Mais ils sont bientôt accueillis dans une dimension rassurante. La crainte ne tarde pas à être remplacée par le ravissement.

— N'y a-t-il pas une part de volonté ?

— Si. Dans cette première évolution, l'esprit a le choix. Il peut avancer dans la connaissance, ou rester figé et prisonnier de ses appréhensions, voire de son orgueil ! Il n'est pas toujours débarrassé de l'empreinte profonde laissée en lui par le matérialisme qui domine la terre. Il faut quelquefois du temps pour comprendre qu'il faut tout lâcher, et se contenter de la pureté des souvenirs, des sentiments. C'est un peu comme un enfant qui apprend à marcher. Au début, il hésite... Puis l'équilibre vient. C'est le premier travail demandé aux êtres de lumière : apprendre un peu d'équilibre...

— Entre les ressentis profonds et la lourdeur des souvenirs terrestres, tu veux dire ?

— Oui. L'esprit doit apprendre à séparer les deux phénomènes, et accepter son désir de connaître l'origine de la vie.

Je comprends ce que Papa veut dire par « accepter ». C'est l'itinéraire même poursuivi par l'esprit dans son évolution.

Les yeux de l'au-delà

Mon père me dit lors d'une séance de transcommunication :

— Dans la dimension où j'évolue, je ne vous vois pas. Je vous ressens. Et mon esprit s'élève de plus en plus, devient plus fort, chaque fois que vous pensez à moi avec amour.

— Quelle est ta nouvelle façon de voir ?

— L'énergie qui entoure mon esprit est très active. Elle lui permet de « bouger ». Il a ainsi la possibilité de rechercher le contact avec d'autres esprits. On se « touche » les uns les autres. Par ce contact, la mémoire de mon esprit réagit et enregistre les informations transmises par l'autre esprit. Il y a échange d'informations...

— Par quel moyen exactement ?

— Grâce aux molécules d'énergie qui composent la mémoire de mes ressentis. Elles provoquent vers l'autre esprit une petite pulsion pareille à un arc électrique. Ensuite, la pulsion est acceptée ou refusée.

— Que se passe-t-il quand tu rencontres un esprit qui refuse d'évoluer dans la force de l'échange naturel ?

— Ma mémoire enregistre les fréquences de peur, de rejet ou d'incertitude venues de lui. Et elle les refuse à son tour. Comme une méduse se propulse dans l'eau, elle s'éloigne de l'esprit en souffrance qui n'est pas encore prêt à évoluer.

— Et quand ton esprit rencontre un esprit prêt à évoluer ?

— Là, c'est différent. Quand mon esprit rencontre un esprit sain, entré lui aussi dans l'évolution, libéré de toute attache terrestre, alors le contact et l'échange sont directs. Le dialogue s'établit dans une vérité commune. Le contenu profond des esprits passe de l'un à l'autre. Ça commence toujours par des ressentis venus du passé terrestre.

En tant que médium, je saisis ce que l'esprit de mon père cherche à me faire comprendre. Moi-même, quand je suis en communication avec l'au-delà, j'éprouve la force de l'échange qui se transmet au niveau vibratoire. Lorsqu'un esprit tente de communiquer avec moi, je peux situer immédiatement à quel niveau d'évolution il est arrivé. Je le « vois » à travers nos ressentis partagés. C'est ma façon de le reconnaître. C'est sa façon à lui de se présenter. Cette vision intérieure est le véritable regard qui donne accès à la découverte de l'au-delà et des dimensions qui le composent.

Je demande un jour à Papa s'il n'a pas éprouvé une impression de « dédoublement » lors du passage dans l'au-delà.

— Tout a été très vite, répond-il. Mais oui, j'ai eu un moment cette impression bizarre... Il me semblait qu'il y avait deux moi : un lourd et un léger.

— Comment s'est passée la séparation entre ton corps et ton esprit ? Y a-t-il un déclencheur ?

— On peut parler de déclencheur. Il s'agit d'une énergie qui vient de l'extérieur du corps, et qui évolue autour de l'aura. L'au-delà connaît bien les humains pour les côtoyer leur vie durant. Nos gestes familiers sont connus, ainsi que nos paroles, nos émotions et nos ressentis. Ne te souviens-tu pas d'avoir capté la présence des esprits qui évoluaient autour de nous à l'instant même de mon passage dans l'au-delà ? On les perçoit avec plus de force encore après le passage.

— Mais ici, tout le monde ne perçoit pas...

— C'est une question de degrés. Tout dépend des gens. Certaines personnes sont tellement prisonnières de leur négativité qu'elles ne captent jamais rien. Mais les énergies existent pour tout le monde. Et tout est relié dans la vie. L'énergie des minéraux, celle des végétaux, celle des animaux, celle des humains... Et chaque pensée a le pouvoir de se relier à d'autres pensées sans pour autant changer la vie d'une personne.

— Tu te souviens de ton passage dans l'autre dimension ?

— Ma souffrance était arrivée à son maximum, et un esprit qui souffre trop risque de perdre les précieuses informations enregistrées dans sa mémoire. Or il s'est produit un phénomène étrange à la toute dernière seconde de ma vie terrestre. J'ai ressenti une sensation, une impression bizarre... Une force située à hauteur de mon crâne, et qui me tirait en arrière. C'était cette énergie protectrice qui évolue autour de l'aura. Elle commençait son travail. Je n'ai compris son importance qu'après...

— Elle délivre l'esprit au moment du passage qui est un moment critique. À quelle partie du cerveau est-elle attachée ?

— Elle entoure le système nerveux central, et circule entre les neurones. Elle se compose de centaines de fluides très puissants qui alimentent la mémoire. Elle permet surtout à la mémoire de conserver les informations nécessaires pendant toute la durée d'une vie terrestre.

— Ces fluides sont-ils fixés à certains neurones ?

— Ils ne sont pas fixés aux neurones, Michèle. Ils sont libres. Ils forment un mouvement perpétuel. Ce sont des capteurs intelligents qui réceptionnent les informations, et les transmettent à la mémoire sous forme d'ondes.

— Cette souffrance dont tu parlais s'est-elle prolongée lors du passage ?

— Après que mon esprit eut quitté mon corps, il a éprouvé l'intensité avec laquelle tu as essayé de me ranimer. Cet état n'a duré qu'un bref instant. Presque tout de suite est arrivée l'énergie protectrice. Elle ressemblait à un voile très léger, vaporeux, apaisant, rassurant. Mon esprit n'avait aucune envie de lutter.

— Pourquoi ?

— Parce que plus il pénétrait dans cette énergie, plus il se sentait bien. Les derniers instants d'une existence terrestre sont éprouvants. C'est pourquoi mon esprit était heureux de se délivrer d'un corps de souffrance...

— Mais au niveau mental, qu'as-tu ressenti ? Pardon pour cette question, mais...

— Tu n'as pas à t'excuser. C'est la règle de la transcommunication : rien ne doit être laissé dans l'ombre. Tout peut être abordé franchement... Ce que j'ai ressenti au niveau mental ? Au moment où j'ai eu la mort en face de moi, tout s'est embrouillé. Je ne pouvais plus m'exprimer à travers des mots. Tu sais que les mots perdent toute valeur lors du passage. Ils s'effacent pour laisser place à une autre magie, celle du ressenti authentique et sincère... J'ai eu l'impression également de me vider de toute énergie. Mais l'énergie protectrice était déjà en train de prendre le relais. Elle aidait mon esprit à sortir de l'enveloppe corporelle. Elle intervient toujours au dernier moment. C'est extraordinaire. Soudain, on ressent les choses par le truchement d'un autre mécanisme vibratoire. Tout se passe à un niveau différent.

— Mais cette énergie extérieure est aussi connectée aux organes vitaux ?

— En partie. Elle connaît les vibrations qui émanent des organes vitaux. Elle connaît aussi leur rythme de croissance, et leurs faiblesses.

— Elle est surtout connectée au mental.

— Oui. Elle est en relation directe avec la conscience. Et surtout elle est attachée à la mémoire de chaque individu.

— Elle entre avec l'esprit dans la dimension de l'au-delà ?

— Oui. Cette énergie est une information qui

a été créée par l'ensemencement de la vie dans l'invisible. Elle fait corps avec le noyau de la mémoire de la vie dans l'invisible.

Cette réponse éveille en moi un souvenir remontant à un mois, et à une conversation que j'ai eue avec Mady, une infirmière, au sujet du départ des mourants pour l'au-delà. Mady exerce ses fonctions aux soins palliatifs. C'est une personne très douce, qui aime aider son prochain. Son travail exige beaucoup d'amour et de compréhension, et elle l'aborde quotidiennement avec un merveilleux sourire. Elle m'avait expliqué que, depuis quelque temps, elle ressentait différemment les derniers instants de ses patients.

— Quand la mort clinique fond sur eux, disait-elle, je suis certaine que leur esprit a déjà quitté leur corps.

— Depuis quelques secondes, tu veux dire ?

— Exactement. Depuis quelques secondes à peine. À force de côtoyer les mourants, je les comprends mieux. Je perçois ce qu'ils ressentent au-delà de leur corps meurtri. Eh bien, j'ai observé que le dédoublement a déjà eu lieu quand la mort survient. J'ai noté aussi que l'esprit est protégé par une force. Laquelle ? Je l'ignore...

Mady a raison. Les organes vitaux ne sont pas les seuls à jouer un rôle dans les derniers instants de la vie terrestre. L'esprit aussi intervient, à partir d'une autre dimension vibratoire, quand bien même la conscience ne perçoit pas le phénomène. Ne dit-on pas que certaines maladies graves peuvent être guéries par la force du mental ? Il arrive que l'esprit expulse l'affection d'un organisme, si étrange et inexplicable que cela paraisse.

Pour moi, j'ai toujours été persuadée que l'esprit de mon père l'avait déjà quitté quand son cœur a cessé de battre. Je me rappelle encore très bien les minutes qui ont suivi sa mort clinique. Quand je suis montée dans sa chambre, j'ai ressenti la présence d'une forme, d'une force qui ondulait. C'est cette force qui était venue protéger son esprit dans les secondes précédant sa « mort ». Du reste, il devait me le confirmer lui-même lors d'une séance de transcommunication :

— Tu as perçu ce halo verdâtre qui flottait autour de mon corps, Michèle. Ça ressemble à une vapeur très fluide. C'est la force protectrice de l'esprit. Elle est là pour résister à toutes sortes de forces négatives venues de fréquences malades, et qui menacent l'esprit de destruction. Ces forces négatives se composent de molécules dissociées par la mort clinique. Elles ont perdu la base logique de la vie. Elles sont désorientées.

— Et que se passe-t-il ensuite ?

— Ensuite, à l'aide de cette énergie extérieure, mon esprit s'est senti happé par un tourbillon. C'était un « appel » auquel il m'était impossible de résister. Je n'en avais d'ailleurs pas l'envie. J'avais besoin au contraire d'éprouver une sensation de paix. Cette même sensation de paix qui déjà me faisait signe, dont je ressentais la présence.

L'humilité

L'humilité, ce n'est pas s'abaisser,
C'est se fortifier et savoir s'apprécier en toute honnêteté.
Un esprit que l'on a humilié est un esprit vénéré
Dans la chaleur de sa bonté.
L'humilité, c'est accepter ce qui nous est donné dans la générosité.
L'humilité est fondée sur l'utilité de s'apprécier pour mieux se transformer.
C'est la base du progrès de notre humanité.
L'humilité, dans sa nudité, donne à l'initié le moyen d'avancer.
Car nulle hérédité n'a jamais contredit l'humilité.
Sachons rester humbles parmi les simples.
Car l'humilité est une force capable de convaincre.
L'humilité, dans une vérité, donne à l'être d'aujourd'hui le courage de traverser sa nuit.
L'humilité est là, au fond de notre moi.

La spirale enchantée

Je demande à Papa de décrire la spirale par laquelle l'esprit doit passer pour rejoindre l'au-delà.

— Ça tourne de plus en plus vite, me répond-il. Ça ressemble au souffle du vent dans les arbres. Puis l'esprit se laisse guider, porter, plus exactement. Il est alors comme effleuré par une brise légère. Ce phénomène est dû à la vitesse de propulsion des particules d'énergie. Puis l'intensité diminue peu à peu. Une autre énergie, différente, plus dense, vient à la rencontre de l'esprit qui entre alors dans la première dimension de l'au-delà, un monde qui ressemble à la terre. L'esprit se dirige vers une découverte qui existait déjà, depuis toujours, dans sa propre mémoire. C'est la connaissance de la vie. Il va progressivement faire corps avec elle. À ce stade, la mémoire de l'esprit n'est pas encore pleinement active dans son évolution. Il est encore trop chargé par les contraintes de la vie terrestre. Il n'est pas encore purifié. Il reste en lui des impuretés...

— Parle-moi de ces impuretés.

— Ce sont des particules résultant de la séparation. Souffrance, maladie, peur, incertitude, méfiance.

— Ce n'est pas ce qui donne cette impression passagère d'être et de ne pas être ?

— Si. Tu veux te représenter le mouvement de l'esprit ? Imagine les battements d'ailes, les mouvements d'un papillon filmés au ralenti... À chaque battement d'ailes, des particules parasites se détachent. Elles finissent par disparaître, alors que se découvre le papillon aux mille couleurs. Le papillon resplendit de beauté intérieure. Son énergie se renouvelle à chaque battement d'ailes.

J'aime cette image comme j'aime l'esprit délicat de mon père. L'espace d'un instant, un sentiment de paix s'installe en moi. Il n'existe plus de séparation entre Papa et moi. Nos esprits sont en pleine fusion. Je me sens parfaitement heureuse et rassurée. Je sais que la vie vaut d'être vécue. Et même d'être vécue intensément – sur terre comme dans la dimension invisible, là où n'existent plus ni la peur ni l'incertitude. La mort n'est pas mon ennemie. C'est une porte qui s'ouvre sur la lumière, le seuil qui permet de passer de l'autre côté de la vie. Là où règne la plénitude de l'amour.

Merci, Papa !

Entrez dans la lumière, les amis d'autrefois

Souvent, quand je me mets au travail à l'ordinateur, l'énergie de mon père est déjà présente dans la pièce, prête pour une nouvelle expérience de transcommunication. Je sens que le contact est imminent. La boiserie fait entendre des craquements. Je perçois des déplacements d'air. Une caresse me parcourt les cheveux.

— Sais-tu qu'au moment du passage l'esprit de ton grand-père est venu me rassurer ? Un esprit lumineux, très puissant. L'esprit de ton grand-père renferme une force qui me tient en éveil.

— Son énergie renforce la tienne grâce à des sentiments vrais ? C'est ce que tu veux dire ?

— Oui, exactement. Son énergie me nourrit.

Je ne suis pas surprise. De leur vivant, Papa et Grand-Père s'entendaient à merveille. Leur relation était faite de complicité. Et ils partageaient le même amour de la terre, de la nature, des travaux des champs et des récoltes.

— J'ai aussi rencontré Mémère, reprend l'esprit de Papa. J'ai tout de suite été pris dans son énergie. C'était réconfortant.

Mémère est la maman de Papa. Elle est partie pour l'au-delà il y a déjà bien longtemps, quand j'étais petite. Elle ne m'a laissé que de bons souvenirs ; et chacun sait que les bons souvenirs ne s'effacent jamais, ils ne font que s'endormir. Mémère était pleine de vie. Elle aimait rire et faire des blagues. Et elle m'adorait. N'étais-je pas la seule fille de la famille ? C'est pourquoi elle me gâtait – un peu trop, sans doute. Hélas ! son beau sourire un jour s'est figé. Un cancer la rongeait. Je ne comprenais pas alors le sens du mot « mort ». Et la blessure en moi fut longue à cicatriser.

Puis la fillette que j'étais a grandi. Je suis devenue une femme. Lorsque s'est manifesté mon don de voyante, l'esprit de Mémère fut parmi les premiers à venir me faire un petit bonjour. Son amour était intact. Rien n'avait changé. Nous étions toujours aussi complices.

C'est ainsi. La vie se montre quelquefois très dure, jusqu'au jour où l'amour qui unit les deux dimensions refait surface. En général, le phénomène se produit quand on s'y attend le moins. La porte s'ouvre alors sur des heures magiques. Le passé vibre dans le présent. De nouveau l'existence a un sens. Le doute s'efface. L'espoir revient.

— Michèle...

C'est Papa. Il est toujours là.

— Je suis devenu ta protection principale, dit-il. C'est la mission qui m'a été assignée ici. Tel sera mon rôle, dorénavant : te protéger et te transmettre la connaissance des Anciens.

Mais je sens que d'autres données, soudain, pénètrent dans notre conversation.

— Dis à Maman que je suis fier d'elle, reprend Papa. Je l'aime. Il ne faut pas qu'elle se pose de questions sur l'au-delà. Je serai là en cas de besoin. Elle ne doit pas pleurer. Tes enfants non plus. Au contraire, dis-leur de penser à moi et de m'envoyer de l'affection.

Après la séance, je décide d'aller voir Maman. Je sais qu'elle est toujours impatiente de lire les messages de Papa. Je lui montre les pages que j'ai écrites pendant la transcommunication. J'attire en particulier son attention sur le message que Papa lui adresse personnellement. Aussitôt le visage de Maman s'illumine. La joie est de nouveau dans son cœur. Je la regarde parcourir mes pages. On dirait qu'elle lit une lettre – la lettre de l'aimé parti en voyage.

Ce qui tracasse Maman, c'est le fait que l'au-delà soit tout proche. Elle a du mal à assimiler cette notion. Une nouvelle fois, il me faut lui expliquer que l'au-delà ne se trouve pas « au ciel », ni « dans un espace lointain », mais tout près de nous.

— L'au-delà évolue dans nos gestes et nos pensées, Maman. Surtout dans nos pensées d'amour destinées à ceux qui sont de l'autre côté de la vie.

Elle me regarde avec un large sourire.

— C'est dur à comprendre, dit-elle. Mais je te fais confiance. Ça me fait tellement de bien d'avoir souvent de ses nouvelles !

Je lui souris à mon tour. Elle rajuste ses lunettes et se replonge dans sa lecture. On dirait une jeune fille déchiffrant une lettre d'amour ! Elle s'interrompt, et soupire en me regardant par-dessus ses verres :

— Quelle chance nous avons de pouvoir communiquer ainsi avec lui.

— C'est vrai.

— Mais pourquoi écrit-il, là, qu'il est encore un... un « petit esprit » ? Lui qui était si intelligent...

— Maman, il faut du temps pour comprendre le mode d'emploi de l'évolution ! C'est comme découvrir un monde nouveau.

Elle ne peut s'empêcher de personnifier l'esprit de Papa. C'est l'esprit de son mari ! Elle ne sort pas de là. Elle refuse d'admettre - mais je la comprends - qu'il est devenu autre chose qu'un mari, un père et un grand-père, à savoir une source de connaissance.

Les yeux de diamant

Les énergies se font à nouveau ressentir autour de moi, plus fortes, plus intenses, toujours désireuses de communiquer. Apparemment, l'esprit de Papa n'est pas seul.

— Mon esprit commence à se sentir plus léger, Michèle. Je traverse les énergies plus facilement. C'est difficile à expliquer avec des mots... Ce nouvel état se fait ressentir, disons. C'est surprenant...

— Traverser les énergies ? Que veux-tu dire ?

— Mon esprit bouge dans tous les sens. Je découvre mon nouvel état vibratoire, en fait. Je ressens maintenant très fortement les énergies des autres esprits. J'apprends à les connaître et à les reconnaître. Et il y a tant de belles choses à voir dans la dimension où je me trouve ! Tout ce que la vie a créé.

— Tu as rencontré des esprits connus ?

— J'ai ressenti l'esprit de tante Jane. Tu te souviens de tante Jane ? Elle se promenait dans un jardin dont elle admirait les fleurs...

— C'est ce qu'elle faisait déjà de son vivant.

— Quand mon esprit perçoit les fleurs, il les traverse. Si tu voyais comme c'est beau !

Tante Jane, quand elle est partie pour l'au-delà, était veuve depuis de nombreuses années. Elle n'était pas à proprement parler une tante. C'était la voisine de mes parents. Mais nous la surnommions ainsi : « Tante Jane. » Elle avait un tel dynamisme qu'on aurait pu la croire indestructible. Elle était toujours en activité, tante Jane ! Elle adorait son jardin fleuri de pivoines, de myosotis et de roses anciennes au parfum très prononcé.

— Papa, comment expliquer que l'esprit « traverse » les fleurs ? Là où tu es, la matière est absente. Il n'y a que de l'énergie.

— L'esprit arrive dans l'au-delà encore imprégné des sentiments et des ressentis qui marquent ou qui l'ont accompagné lors de son passage sur terre. Les fleurs de tante Jane font partie de mes souvenirs terrestres. Ils sont gravés dans la mémoire de mon esprit. L'esprit reste en contact avec ce qu'il aimait sur terre. Il ne peut oublier la force qui émane des sentiments vrais.

— Tu croises d'autres esprits, Papa ?

— Ceux des nôtres. Des familiers depuis longtemps disparus. Il y a en ce moment auprès de nous les esprits de ta grand-mère maternelle et de Marie, une amie à elle que tu as bien connue. L'énergie de leurs esprits est vivifiante. Elle vibre en harmonie avec la dimension où nous sommes en ce moment. Si je devais te donner une image, je dirais que ces braves femmes ne vieillissent pas. Elles ont même l'air d'avoir retrouvé leur première jeunesse ! Elles sont habitées par la même bonté. La douceur est ressentie comme un des piliers de leur évolution. Imagine-les assises toutes les deux sur un banc, comme autrefois. J'ai touché leurs mémoires. C'est notre façon de voir, ici. Nous avons des « yeux de diamant » à travers lesquels transparaissent la pureté, la bonté et la simplicité.

— Vraiment, elles ont rajeuni ?

— Ici, le temps n'existe pas. Il ne peut pas te voler les années de ta vie. Quant à la simplicité, c'est le don de la vie, pour vous comme pour nous.

— En quoi consiste-t-elle ?

— L'échange dans la simplicité... Imagine des grains de blé dans un sac. On ne doit pas les garder prisonniers ! Si l'on veut les voir germer, pousser et grandir, il faut leur donner une part de la connaissance - dans la simplicité. Il faut leur donner une terre et le cycle des saisons. Il leur faut de l'échange, puisque la vie est échange perpétuel entre visible et invisible.

Écoutant Papa s'exprimer ainsi, je comprends pourquoi les esprits m'invitent si souvent à me replonger dans mes souvenirs d'enfance. Les souvenirs sont des éléments capitaux de l'évolution mentale. Les mots refont surface à l'évocation d'événements passés ; et ce sont quelquefois des mots consolateurs, comme ceux d'un grand-père ou d'une grand-mère, par exemple.

J'ai eu la chance de connaître une enfance heureuse dans laquelle mes grands-parents avaient toute leur place. J'étais entourée. Je découvrais au fil des saisons les secrets de la simplicité. J'apprenais à goûter les petites choses de la vie – les châtaignes que l'on grille sur la vieille cuisinière, les histoires racontées à la veillée pour nous endormir, et tant d'autres événements encore, si modestes en apparence, si riches en profondeur. C'était le bon temps ! comme on dit un peu bêtement. Un temps, en tout cas, où l'on savait apprécier la générosité. Quelquefois je donnerais volontiers une petite heure de ma vie présente pour être à nouveau petite au cœur de ma chaleureuse famille.

Marie, l'amie de ma grand-mère, était aussi une brave personne à qui l'existence ne faisait pas de cadeaux. Elle devait travailler dur. Il m'arrivait de l'accompagner au lavoir du village. Elle empoignait vigoureusement à deux mains sa brouette chargée de linge. Été comme hiver, qu'il pleuve ou qu'il vente, elle allait faire sa lessive avec un courage qui ne faiblissait jamais. J'aimais l'observer, et écouter les conversations sans fin qu'elle poursuivait avec les autres lavandières. Une fois que la lessive était faite, c'était le retour au bercail. Mais il fallait d'abord aller mettre le linge à sécher dans les prés.

L'été était pour moi le temps des vacances et des conserves de haricots verts. Marie en ramassait des paniers entiers. Tandis qu'elle les épluchait, une soupe aux haricots, au lard et aux saucisses mijotait sur le coin de la cuisinière.

Que de souvenirs enfouis au fond de ma mémoire !

Pas si enfouis que ça, en fait, puisqu'ils ont toujours droit de cité dans ma vie, grâce à l'intervention de l'au-delà.

Dans le regard de Louise

De nombreux esprits accompagnent donc mon père dans l'au-delà. L'un d'eux répond au joli prénom de Louise. Quand Papa le prononce, son énergie devient plus active. C'est elle, Louise, qui avait accueilli sa famille chez elle pendant la guerre, lors de l'exode.

Elle était d'origine alsacienne et vivait à Montmoyen. C'était une belle grande femme dont le mari était parti défendre son pays contre l'envahisseur. Louise avait un bébé. Elle possédait un bout de jardin où elle faisait pousser des pommes de terre. Elle avait nourri la famille de Papa lors de l'exode. Le frère de Papa intervient dans la transcommunication :

— Nous sommes restés trois semaines chez elle à Montmoyen. Par la suite, nous avons eu la chance de pouvoir loger dans les dépendances du château. En face, il y avait un étang où nous pêchions des brochets. Près du château, serpentait un chemin de terre qui servait de raccourci. Et ce chemin était bordé d'un côté par un vieux mur à moitié en ruine qui grouillait de couleuvres !

Le frère de Papa est aussi mon parrain. L'émotion lui fait venir des larmes. C'est la première fois que j'entends parler de ce château, de cet étang, de ce mur. Il reprend :

— L'esprit de ton père a raison. Louise... elle était formidable.

Tant mieux si elle est toujours avec eux dans l'au-delà ; c'est une idée qui me réconforte.

Je suis devenu liberté

La question me préoccupe de connaître la différence entre la liberté en tant qu'esprit, et la liberté telle que nous la ressentons sur terre.

— La liberté de l'esprit était déjà présente au début de la création dans le monde invisible, m'apprend mon père lors d'une de nos séances. Depuis que j'ai quitté la dimension terrestre, je suis moi-même devenu liberté, autrement dit échange total, désintéressé. La dimension où je vis maintenant est synonyme de liberté. Elle se compose d'un nombre incalculable de particules d'énergie adaptées à l'esprit en évolution. Ce sont elles qui lui procurent cette sensation de légèreté. Ici, l'esprit se sent délivré de tout : du passé, des contraintes, des souffrances. Pour les esprits en évolution, la liberté est une vibration de haut niveau parfaitement en harmonie avec l'énergie de l'amour. Elle nous donne une profonde impulsion. Elle est *réelle*. Alors que sur terre, elle se résume en fait à un rêve. Sur terre, liberté veut souvent dire possession. On veut se l'approprier, la garder pour soi. Ou bien on tente de se libérer de certains engagements, au risque de retomber encore plus bas.

— La liberté est donc impossible ici-bas ?

— La terre est trop chargée d'énergies et de pensées négatives, Michèle. Pour accéder à la vraie, à l'authentique liberté, ne faut-il pas commencer par tout lâcher ? Ici, elle nous est offerte pour la bonne raison que nous ne possédons plus rien de matériel. Parce que nous avons tout lâché au moment du passage, pour trouver l'équilibre entre connaissance et force de l'évolution...

Ces révélations sont passionnantes, mais je frappe sur le clavier de mon ordinateur depuis de longues heures maintenant. La fatigue m'accable. Il faut aussi savoir dire « stop ». Fin de la transcommunication pour aujourd'hui. C'est avec une pointe de regret que je me sépare de l'esprit de Papa, tout en sachant qu'il ne manquera pas d'être fidèle au prochain rendez-vous.

La nature pour alliée

J'ai décidé ce matin de me consacrer à ma maison. Un médium doit toujours rester connecté aux réalités terrestres s'il ne veut pas s'abîmer la santé et conserver un sain équilibre.

Nous sommes en décembre. L'horizon se couvre. Il va neiger, en dépit du froid. Vite, j'enfile un pull bien chaud. Je vais au poulailler m'occuper de mes volailles et ramasser les œufs. Autour de moi, la nature paraît endormie. Mais le spectacle ne manque pas de beauté. Mon regard s'attache à une partie du jardin que j'affectionne particulièrement : mes haies de framboisiers.

Aussitôt je ressens une pointe de tristesse. L'espace d'un instant, les souvenirs refont surface. Je revois Papa affairé à sa cueillette. C'était le dernier été avant son départ. Mon premier réflexe est de vouloir fuir cette réminiscence douloureuse. Mais pourquoi fuir les messages de sa propre mémoire ? Au contraire, il faut leur faire bon accueil et tenter de leur donner un sens nouveau dans la continuité de la vie. Je m'approche des arbustes aux branches nues. Le terrain a soif. Je songe déjà au travail qui m'attendra avec l'arrivée du printemps.

Au fond du jardin, se dressent de grands noyers d'où jaillissent des cris d'oiseaux pareils à des étincelles sonores. Les mésanges sont au rendez-vous, comme des demoiselles en habit jaune et bleu. Quel plaisir de pouvoir admirer des oiseaux en liberté ! Un couple de merles cherche sa nourriture sous un tas de feuilles mortes. Ils s'intéressent à de vieilles pommes tombées de leur arbre, et que je m'abstiens de ramasser pour qu'ils puissent en profiter, justement. Plus loin, j'aperçois un hôte familier de ces lieux, un héron cendré qui, chaque jour, passe au-dessus du verger pour rejoindre son nid au château de Claimarais. Je m'approche des pommiers. Je presse mes mains sur leur tronc. J'enregistre de faibles picotements au bout de mes doigts.

— Tout va bien, les amis. Vous êtes vigoureux et en bonne santé.

Il ne faut jamais hésiter à parler aux arbres, même quand ils sont endormis au cœur de l'hiver.

Mais soudain le vent se lève. Je frissonne. Il est temps de rentrer. Quelquefois, je suis tellement prise par les séances de transcommunication avec Papa que j'en oublie presque les bienfaits de dame Nature, ce calme ambiant surtout où je puise ma paix intérieure. Levant les yeux, je vois la fumée qui s'échappe de la cheminée. Je sais qu'un feu de bois m'attend dans l'âtre du séjour. Tout à l'heure, je savourerai un chocolat chaud, les yeux perdus dans les flammes, bercée par leur magie.

L'écho d'un nouveau monde

— Bonjour, Papa.

J'aime ce contact avec les esprits, quand leur énergie me caresse les cheveux.

— Tu devrais prendre soin de ta santé, Michèle. Le stress va t'attirer des troubles hépatiques. Résultat, tu te sentiras fatiguée. Et ça va durer un bon moment. C'est très bien de t'occuper de tes semblables, mais il faut que tu sois toi-même en pleine forme si tu veux pouvoir les aider efficacement. Et rien de tel qu'une plongée dans la nature pour se reposer !

Quelques jours à peine après ce message, les premiers symptômes arrivaient. Aujourd'hui, deux ans après l'avertissement lancé par mon père, je me bats toujours contre la maladie. N'est-ce pas la preuve qu'il ne faut pas négliger les messages qui nous parviennent de l'au-delà ?

— Merci du conseil, Papa !

— Ici, tout change sans arrêt. Mais mon esprit se renforce. Ma mémoire aussi. Je suis comme oxygéné par mes innombrables contacts avec d'autres particules.

— Comment expliques-tu qu'elles puissent s'unir aussi facilement avec l'énergie qui entoure ton esprit ?

— Elles forment en s'approchant de petits noyaux d'énergie pareils à des arcs électriques. Elles prennent tout de suite le tempo de mon énergie. J'ai alors l'impression de voyager sur des coussins moelleux.

— Ça doit être agréable.

— L'échange se fait en douceur. C'est comme évoluer au ralenti. Et ça ne dure pas. Pas plus d'une fraction de seconde de ton temps terrestre.

— Si je comprends bien, on est aux petits soins pour toi ! Tu as même droit à tes petits massages de l'esprit !

Je reçois une petite tape sur la tête. C'est sa façon de rire de bon cœur... Il reprend :

— Je vois des formes d'énergies de toutes les couleurs. Et qui s'étirent de tous côtés. La mémoire de mon esprit sait pertinemment qu'elles sont vivantes et actives. Elles possèdent une mémoire, elles aussi. En effet, nous communiquons à travers nos mémoires respectives. Ce sont elles qui alimentent la dimension où je me trouve.

— Comment font-elles ?

— Grâce à leur vitesse. Elles se propulsent en tout sens et produisent des couleurs.

— Tu te rappelles encore ton passage sur terre ?

— Très bien. Mes ressentis sont restés

gravés. Mais je me rappelle aussi certaines phases de mon origine, le moment où s'est formé mon esprit. Je sens que ma future évolution est en train de se programmer dans ma mémoire...

C'est étrange, j'ai l'impression que l'au-delà est pressé aujourd'hui.

— Tu diras à Maman que je suis comme ta grand-mère et son amie : je me sens rajeunir.

— Je ne suis pas sûre qu'elle comprendra. D'ailleurs saurai-je le lui expliquer ?

— Utilise des images. Montre-lui une photo. Moi pendant mon service, par exemple. Ça t'aidera. Et elle aussi.

Je sais ce que signifie l'impression de rajeunissement à laquelle il fait allusion. Il s'agit d'une sorte de fusion des saisons. Le printemps ct l'été se marient et se mêlent dans un même besoin de créer de la vie. Telle est la base naturelle de l'amour. Je sais aussi qu'il a raison de me conseiller de me servir de photos. Car rien ne se perd jamais sur terre, surtout pas les sentiments. Grâce à l'émotion que les images éveilleront en elle, Maman comprendra mieux les messages que Papa lui adresse depuis l'au-delà.

Mais Papa, en effet, est pressé aujourd'hui. Il a hâte de me délivrer encore quelques explications :

— Sais-tu que je vois d'ici tous les mondes qui entourent le nôtre ?

— Comment sont-ils ?

— Ce sont des mondes de sagesse où la connaissance est offerte à travers des niveaux de réceptivité différents. Si tu veux te les représenter mentalement, songe à d'immenses gouttes d'eau commandées par un lent mouvement de balayage. Dans ces formes, vibrent d'autres formes plus petites qui se reproduisent à l'infini.

— Des formes plus petites ? À quoi servent-elles ?

— Chaque monde possède une partie de la connaissance de la vie. Or cette connaissance doit être impérativement reproduite sans cesse, sinon la mémoire s'affaiblit et meurt. Elle est l'empreinte de la forme future d'une mémoire qui naîtra dans la matière : un oiseau, une fleur, un enfant... Ces mondes de sagesse sont aussi pour nous, les esprits en évolution, un chemin de connaissance sur lequel l'esprit prend appui pour se diriger vers d'autres mondes. Tous ces mondes sont reliés entre eux par une énergie de très forte intensité, une énergie neutre qui se fond avec l'énergie de chacun de ces mondes parallèles, ce qui lui permet d'acquérir la résistance nécessaire au transfert des informations qui lui parviennent des mondes en création. Car la vie dans l'invisible s'est tracé un chemin tout au long duquel elle crée des mondes parallèles...

Je ne perçois plus rien, subitement. L'esprit de Papa s'en est allé une fois encore.

Les êtres de lumière

— Mon esprit, dit l'esprit de mon père, est entouré de présences pures, des êtres de lumière qui nous enseignent les bases de ce qu'est la vie dans la première dimension de l'au-delà.

— Des anges ?

— Tu peux les appeler des « anges » si tu veux, même s'il s'agit d'une vision un peu naïve pour ton âge, tu ne crois pas ? Je préfère te les représenter comme nous nous les représentons nous-mêmes, à savoir comme des « intelligences » enfermant les grands secrets de l'évolution.

— Disons « intelligences », alors.

— Elles sont capables de prendre toutes les formes connues par la mémoire d'un esprit. Telles que je les vois, elles sont mes amis du nouveau monde. Si mon esprit a besoin d'être rechargé en énergie, les êtres de lumière s'en chargent en vibrant avec plus d'intensité.

— On peut même parler de super intelligences, si je comprends bien. Ils possèdent une mémoire terrestre, tes êtres de lumière ?

— Non. Ils n'ont pas été engendrés pour s'unir dans la matière d'un corps humain, mais pour évoluer avec l'énergie de la vie dans les mondes invisibles. Ils entourent la vibration principale de la vie dans l'invisible. Ils nous protègent grâce à cette énergie que vous représentez souvent sous la forme d'ailes déployées. Ils nous aident à recevoir la force de l'énergie qui se dégage dans l'au-delà, laquelle nous permet de nous élever encore dans la connaissance de la vie. Le gros de leur travail consiste à aider l'esprit à accepter sa future destinée et sa nouvelle vie.

— Comment ressens-tu leur présence ?

— Au départ, ils se manifestent par un puissant mouvement d'énergie autour de mon esprit. Une vraie bouffée d'oxygène. Mais bien sûr, en tant qu'esprits désincarnés, notre vision est différente de celle que nous avions sur terre, et notre ressenti est tout autre également. Ils dégagent une lumière bienfaisante, une « énergie pure » qui nous aide à contempler intérieurement, dans notre mémoire, l'origine de la vie.

— Cette lumière pénètre-t-elle ton esprit ?

— Non, elle « glisse » le long de l'énergie qui entoure mon esprit.

On ne voit pas le temps passer, quand on est en transcommunication. En effet, chaque nouvelle information ne fait qu'exciter ma curiosité davantage, tant mon désir est grand d'être initiée aux secrets de la vie et de l'évolution. C'est pourquoi j'aime tant mes recherches et ces dialogues avec l'esprit de mon père. Mais ma petite famille aussi me réclame, et je dois interrompre l'expérience. Michel, mon mari, s'est approché de moi. Je me retourne. Il me sourit.

— Tu n'aurais pas oublié quelque chose, chérie ?

— J’ai oublié de redescendre sur terre, tu veux dire ?

— En tout cas, tu n’étais plus dans la même dimension que nous.

— J’étais avec... avec les anges.

— Seigneur ! J’ai épousé un passe-dimension ! Laisse donc ton ordinateur et viens à table. Le souper est servi. Les gosses vont mourir de faim.

— Merci, chéri, dis-je en quittant mon fauteuil.

C’est aussi ma chance : j’ai un mari et des enfants plus qu’adorables. Ma petite famille est si compatissante avec moi ! Elle me soutient dans mes dialogues avec l’invisible. Nous formons un groupe très uni. C’est très important, pour un médium, de pouvoir compter sur une vraie stabilité familiale, et d’être entouré d’amour. Je peux ainsi donner le meilleur de moi-même, et vivre en harmonie avec deux mondes qui exigent beaucoup de temps et d’énergie.

La lumière des Anciens

C’est dans la main de l’Ancien
Que s’exprime notre destin.

Noël approche. C’est le temps des préparatifs. Mais le cœur n’y est pas. Personne dans la famille n’a vraiment envie de faire la fête, à cause de l'absence de Papa. Sa place restera vide à la table qui, conformément à son vœu, sera néanmoins bien garnie.

— Quoi qu'il arrive, me disait-il de son vivant, continue de perpétuer les traditions des Anciens. Elles renferment des moments merveilleux, emplis de joie et de sagesse.

C'est pourquoi je m'attelle à la confection de l'arbre de Noël, un sapin magnifique que j'habille de guirlandes et de boules multicolores. Alors que je positionne la petite crèche, une vibration me parcourt les épaules et remonte le long de ma nuque. Je sais qu'il s'agit d'un signal. L'au-delà veut entrer en contact. La visite ne me dérange pas. Je pensais justement à Papa. Sans éprouver d'ailleurs de tristesse. Le message est important : Papa a franchi sa nouvelle initiation.

— J'ai passé un cap, dit-il. J'apprends à contrôler mon énergie et celle qui m'entoure. J'aurai bientôt accès à la mémoire de tes ancêtres. Mon esprit enregistre les informations pour te les faire parvenir.

— Ça doit être merveilleux, dis-je, de laisser couler son esprit dans la connaissance universelle. Mais ces ancêtres auxquels tu fais allusion, ce sont mes ascendants terrestres ?

— Non, chérie. Ces mémoires n'ont aucun lien avec tes ancêtres terrestres. Elles se situent à un autre niveau d'intelligence. Les ancêtres dont je parle sont tes protections, tes pères philosophiques, les sources qui alimentent ta connaissance des mondes invisibles depuis que tu as accepté ton don de médium. Ils m'ont délégué pour les remplacer auprès de toi. Ma mission est de te guider. Je suis en pleine harmonie avec eux. Nous allons te transmettre une force qui facilitera ton travail. À toi ensuite de servir de relais auprès de tes semblables.

Ces révélations ne laissent pas de me surprendre. Je brûle de curiosité, et Papa le perçoit.

— Tu vas recevoir des données d'un très haut niveau vibratoire, dit-il. Elles te fourniront des multitudes de réponses. Mais ne sois pas impatiente. Ce travail exigera une force mentale peu commune. Alors commence par te reposer. Va te ressourcer dans la nature. Prends le temps de vivre et de profiter des fêtes. Je sais que tu es fatiguée. Je t'avais d'ailleurs donné un avertissement. Tu n'en as guère tenu compte.

C'est vrai que je n'ai pas suivi le conseil de Papa. J'ai toujours beaucoup de peine à prendre le temps de me reposer. La vérité est que je n'arrive pas à dire non. Lorsque je vois quelqu'un souffrir, je ne peux m'empêcher de lui venir en aide. J'ai besoin de réconforter les autres...

Mais on sonne à ma porte. C'est le carillon de l'entrée. L'expérience de transcommunication est interrompue. Je vais me pencher à la fenêtre. C'est Maman qui vient me dire bonjour.

— Entre, lui dis-je. C'est ouvert.

L'instant d'après, nous prenons ensemble le café dans la cuisine.

— Tout à l'heure, m'explique-t-elle, je déjeunais chez moi quand mon attention a été attirée par un étrange phénomène...

— Raconte, Maman.

— Une ombre est passée devant le frigo. Une petite ombre. Elle est passée si vite que je n'ai pu en déterminer la forme. C'était juste une petite chose vagabonde... Je n'ai pas eu peur. Mais j'aimerais bien avoir des explications.

Tandis que je me concentre sur le propos de Maman, une vision m'apparaît, celle du caniche que nous avions autrefois chez nous.

— C'est Myrtille, Maman.

Myrtille était un chien très joueur qui passait sa journée à faire des pitreries.

— Il est venu te faire une petite visite. Il est avec l'esprit de Papa dans l'au-delà.

— C'est normal, comme phénomène ?

— Parfaitement normal, Maman, puisque l'énergie de Papa est dans ta maison.

— Mon Dieu, dit-elle. Alors il est là, près de moi, avec Myrtille. Mais je ne suis pas médium !

— Tu n'es pas la seule à accueillir ce genre de phénomènes, tu sais. Il s'en produit à tout instant aux quatre coins de la planète. Il y en a toujours eu et il y en aura toujours.

Mais Maman est nerveuse. Je le vois à ses mains qui tremblent légèrement. Il est vrai que, depuis le départ de Papa, les phénomènes se sont multipliés dans la famille. Or Maman a du mal à comprendre et à accepter cette « matière » nouvelle. À peine a-t-elle réussi à assimiler une connaissance qu'une autre apparaît, encore plus complexe. Mais l'au-delà est ainsi fait...

— Ne t'inquiète pas, Maman. Ce qui arrive est normal.

Chaque fois, je suis obligée de la rassurer.

Elle a fini son café. Mes paroles l'ont réconfortée. Elle reprend le chemin de sa maison.

Mais, quelques jours plus tard, elle ressent de fortes vibrations dans ses cheveux. Elle a le sentiment de jouer à cache-cache avec l'au-delà. Elle murmure alors :

— Je sais que c'est toi, Armand. Tu essaies de me rassurer, n'est-ce pas ?

Armand est le prénom de Papa. Il était doté d'un caractère joueur que son esprit a conservé.

Lorsque s'établit la communication avec un esprit familier, il faut toujours se remémorer les meilleurs souvenirs qu'il nous a laissés. Cela permet à la transcommunication de vibrer plus fort, et au contact de se prolonger davantage. Lors de mes entretiens avec Papa, je me souviens qu'il adorait réveiller le souvenir d'événements cocasses.

— Tu as toujours le mot pour rire ! lui disais-je. Même dans l'au-delà !

— Pourquoi voudrais-tu que j'aie changé ? Si j'avais changé, tu ne me reconnaîtrais pas.

Réflexion d'une grande simplicité et d'une grande vérité.

La Dame tout de blanc vêtue

Noël est passé. Voici le Nouvel An. Ce matin, je suis envahie par un sentiment de mélancolie dont je ne connais pas l'origine. En principe, tout va bien ! Les fêtes se sont bien passées. L'atmosphère familiale était chaleureuse. En somme, je devrais avoir toutes les raisons d'être heureuse. Or ce n'est pas le cas. J'ai subitement envie de pleurer. Que se passe-t-il donc en moi ?

Dois-je m'attendre à quelque chose ?

Soudain je sens comme une contrainte au niveau de mon cœur. La sensation n'est pas agréable. Puis une énergie prend forme autour de mon aura. Je devine aussitôt que l'esprit de Papa est présent. Pourtant, cette vague de tristesse m'accable toujours et refuse de se retirer.

— Laisse tomber ce souvenir, Michèle. Il n'a rien à faire dans ton présent.

Ces mots ont résonné dans ma tête avec la force d'un roulement de tambour. Je sens leur effet se propager en moi. Un peu comme si je venais de recevoir une bonne paire de claques.

— De quel souvenir parles-tu, Papa ?

— Celui de ma mort, Michèle. Tu en veux toujours aux médecins, n'est-ce pas ? Tu penses qu'ils m'ont mal soigné. Tu es encore habitée par des relents de haine cachés dans ton inconscient. Tu dois te débarrasser de ces pensées. Il le faut...

— Mais comment faire ?

— Laisse-moi t'aider. Nous allons pénétrer ensemble dans ce souvenir. Nous allons le décomposer entièrement. Après, tu verras que tu retrouveras ta sérénité.

— Je veux bien, dis-je.

— Tu vas découvrir une beauté insoupçonnée. Une beauté qui t'apaisera et renforcera encore ta foi dans l'au-delà. Tu te rappelles les minutes qui ont précédé mon départ ? J'étais assis au bord du lit. Je n'arrivais plus à respirer...

— Comment pourrais-je avoir oublié, Papa ?

— Eh bien, à ce moment-là, j'ai eu une vision magnifique. J'ai vu la Vierge, Michèle ! Je ne pouvais détacher mon regard de cette merveille. Elle était là, tout près de moi, dans la chambre, près de la commode. Elle resplendissait. Elle souriait. Elle dégageait une beauté rassurante, apaisante. Il y avait autour d'elle un halo de douce lumière. Et la Vierge se découpait au centre de cette clarté. Soudain elle a disparu. Et c'est moi qui me suis retrouvé entouré de lumière. Mon heure était venue – l'heure de passer de l'autre côté de la vie. Mon esprit a été submergé de bonheur. Toutes mes douleurs s'étaient dissipées. Grâce à la Vierge, grâce à son amour pour l'humanité, et à son rayonnement qui se transmettait comme un écho dans toutes les dimensions.

— De ton vivant, tu avais déjà une grande dévotion pour elle.

— Tu t'en souviens, n'est-ce pas ? Elle représentait un soutien moral pour ma famille. J'avais toute confiance en elle. Je l'aimais. Souvent je lui demandais d'intercéder en ta faveur. Pour ton avenir. Je ne t'en ai jamais rien dit. Lors de ces requêtes, je me sentais entouré subitement d'énergie... Et cette énergie, je l'ai retrouvée ici même. Elle est très importante ici où des milliers d'esprits sont attirés par sa beauté et par sa connaissance.

Je suis bouleversée par le propos de mon père.

— La Vierge est-elle restée longtemps auprès de ton esprit en évolution, Papa ?

— Je ne puis te répondre, Michèle. Ici, le temps n'existe pas. Tu sais bien. Nous vivons ce genre de moments privilégiés sans nous poser de questions. Mais ce que je peux te dire, en revanche, c'est que mon esprit a changé depuis cette rencontre. Son énergie, en me traversant, m'a rendu plus fort. Plus fort pour te protéger, Michèle. Car tel est mon destin dans l'au-delà, comme je te l'ai dit.

Je suis envahie par un sentiment de libération intérieure. En effet, sans m'en rendre compte, je continuais d'abriter en moi des pulsions de haine à l'égard des médecins. C'est que je refusais d'accepter le départ de Papa. Maintenant, je suis délivrée de ces sentiments inconscients. Je sais que Papa est toujours là et qu'il veille sur moi. Quant à la réalité de sa rencontre avec la Vierge, je n'en doute pas une seconde. Du reste, la Dame tout de blanc vêtue devait réaliser un grand miracle sur ma personne, par le truchement de la médecine et de la foi de mon mari... Mais Papa continue, tandis que des picotements me parcourent les mains :

— Ce sera bientôt ton tour, Michèle, de protéger un jeune médium. Quelqu'un qui défendra la connaissance de nos pères de toute la force de son don.

— De qui s'agit-il, Papa ?

— Elle n'est pas encore venue au monde sur la terre. C'est un esprit né de l'amour universel, qui fera de grandes choses pour le bien des générations à venir.

— Ne peux-tu me révéler son nom, si je dois veiller sur elle ?

Le nom de ce médium me fut révélé dans l'instant, et depuis je le garde secret dans mon cœur, sachant qu'elle sera appelée un jour la Petite Fille du Bonheur. Mais sur le moment, je n'éprouvai pas le besoin de poser d'autres questions à l'esprit de Papa. Toute chose doit venir à son heure. Et les esprits aiment à œuvrer librement jusqu'à l'instant de leur éveil.

En tout cas, toute mélancolie s'était dissipée en moi. J'étais à nouveau disponible pour le bonheur.

Le lien de velours

Gilles, mon autre fils, me dit subitement :

— Demande à Papy où se trouve exactement son esprit, s'il te plaît. Je le ressens très fort autour de moi en ce moment.

La réponse ne se fait pas attendre :

— Je suis dans l'air que tu respires, dans la chaleur de ton cœur, dans la profondeur de tes pensées. Mon énergie a le pouvoir de traverser la maison de part en part...

Gilles est interloqué. Il me regarde, l'air de réclamer une explication. Mais c'est encore l'esprit de son grand-père qui répond :

— Chaque famille est unie par un lien très fort, un lien de velours qui attache les générations entre elles. Ce lien est une manifestation de l'amour. C'est un échange. Il aide à découvrir le vrai sens de la vie sur terre. Le sens du respect, aussi. Ce respect que beaucoup de gens de ton âge ont l'air d'avoir perdu de vue.

C'est une empreinte laissée par nos ascendants. Elle reste inscrite dans le foyer...

— C'est un lien indestructible ? murmure mon fils.

— Indestructible quand on le nourrit avec amour. C'est une force. Elle est là, dans votre maison. Elle prend de la vigueur chaque fois que vous pensez à nous avec amour. Elle est capable de faire des miracles en termes d'entraide et de communication. J'ajoute qu'elle constituera un bagage important pour chacun de vous, à l'heure de votre départ vers l'au-delà.

Je ne fais que passer

Nous sommes dimanche. Un épais brouillard givrant répand sur le jardin et le verger une atmosphère féerique. Je suis occupée à mettre de l'ordre dans mes « paniers à linge », ces bacs emplis des quantités de messages reçus depuis des années. Soudain un courant d'air me caresse le dos. Je me retourne. La porte est bien fermée. Je ne puis m'empêcher de sourire et de penser : « Encore une visite. » Mais je me remets à trier mes messages. Je ne supporte plus de les voir s'entasser pêle-mêle. Cependant une voix murmure en moi :

— Laisse ces messages pour l'instant. Ne regarde pas en arrière. Tourne-toi plutôt vers ton avenir. Reprends contact avec moi...

— Papa ?

— J'ai à te parler. Écoute-moi bien car je ne pourrai revenir avant longtemps. Il faut que je travaille en profondeur ma connaissance dans l'énergie...

Je vais aussitôt m'asseoir à l'ordinateur, non sans ressentir une pointe de tristesse étant donné ce que je viens d'entendre – mais il convient de respecter les demandes venues de l'au-delà.

— Où en es-tu, Papa ?

— Ma mémoire enregistre parfaitement la connaissance. Ma conscience est toujours intacte. Et je me rappelle encore mon passage sur terre. Jamais je n'oublierai ceux que j'ai aimés. J'apprends à découvrir les formes de l'énergie. Tu sais qu'une forme est une pensée que l'on peut multiplier par écho, n'est-ce pas ? Si je pense à vous sur terre, tous les esprits perçoivent en même temps le message. C'est l'échange spontané des ressentis des esprits. Quand je vous adresse une pensée, les esprits en évolution m'entourent comme une chorale bien synchronisée ; et leur énergie se mêle à la mienne pour la renforcer davantage.

— Ils sont attirés par l'énergie de ton esprit ?

— Ils sont attirés par la force que dégage la forme pensée que je veux émettre. J'élève une vibration d'amour qui se répercute à travers la dimension dans laquelle j'évolue en ce moment.

Ainsi l'esprit de mon père se trouve-t-il au centre d'une énergie universelle. Les messages qu'il nous envoie de l'au-delà relèvent du partage intégral, tel qu'il règne chez eux.

— Mais que se passe-t-il, dis-je, quand un esprit est oublié par ses proches restés sur terre ?

— Nous partageons avec lui l'amour qui nous est envoyé. Il se produit alors une communion intime. Il cesse d'être seul. Il vibre avec nous dans la liberté de l'évolution. Mais je dois te laisser, Michèle, car justement Thomas me réclame...

— Qui est Thomas ?

— L'esprit d'un petit garçon qui vient de quitter le plan terrestre.

— Où habitait-il sur terre ?

— En France. C'est un petit esprit très actif. Il adore apprendre la connaissance de l'évolution. Il est très fort.

— Quelle sera sa mission ?

— Protéger dans l'au-delà les autres esprits d'enfants qui vont monter vers nous, suite à une épouvantable épidémie virale.

— Un trésor pour l'humanité, alors ?

— Exactement. À bientôt, Michèle...

Une fois encore, l'esprit s'en est allé comme il était venu.

Les petits-enfants du futur

On a beau être médium, l'au-delà nous réserve parfois des surprises. Ainsi mon père me dit-il :

— Michèle, j'ai ressenti l'énergie de tes futurs petits-enfants. Mes arrière-petits-enfants.

Cette nouvelle me laisse stupéfaite. Par quel prodige l'esprit de Papa peut-il ressentir l'énergie de ce qui n'est pas encore créé au sens corporel du mot ?

— Tu côtoies déjà le futur ? dis-je avec quelque maladresse.

— Dans l'invisible, le présent n'a pas d'impact sur le passé ou le futur. Les mémoires se touchent et communiquent toutes ensemble. Il n'existe aucune barrière entre passé, présent et futur.

— Où ton esprit situe-t-il l'avenir ?

— Dans la perception des énergies. Or la mémoire des futurs esprits, comme ceux de tes futurs petits-enfants, est déjà activée dans la dimension de l'au-delà. Elle enregistre les données qui leur seront utiles lors de leur éveil sur terre. Les ressentis du plan terrestre, qui nous sont restitués lors de notre arrivée dans l'au-delà, sont aussi partagés dans le présent et l'avenir. Mes futurs descendants garderont une empreinte des ressentis de l'esprit de leurs aïeux. Ce processus fait partie de l'évolution de tout esprit. Quand je serai entré dans la troisième phase de mon évolution, mon esprit pourra dialoguer avec leur future mémoire. Pour le moment, c'est encore impossible. Il existe des règles, tu sais. Jamais on ne doit essayer d'aller au-devant de ce qu'on ne connaît pas sans y être préparé. C'est comme les saisons sur terre : tu ne peux en aucun cas intercaler l'hiver entre le printemps et l'été, n'est-ce pas ?

— Mais quand mes petits-enfants verront le jour, se souviendront-ils de t'avoir rencontré dans l'au-delà ?

— Non. Leurs petites mémoires doivent encore passer par différents stades d'évolution avant de s'incarner dans des corps humains pour le temps d'une vie terrestre.

— Sauf si l'un d'eux est médium...

— Exactement. Celui-là aura la possibilité de communiquer avec ma mémoire. Il aura alors l'impression de connaître ma fréquence vibratoire. Il aura le sentiment de m'avoir déjà connu auparavant. Où ? Quand ? Cela restera pour lui un mystère. Sa mémoire ne conservera de notre rencontre qu'une faible trace.

Ces indications me renvoient à ma propre découverte de ma qualité de médium. En effet, je me rappelle très bien avoir ressenti de profondes affinités avec certains esprits qui n'appartenaient pas nécessairement à ma famille. Ces esprits se présentaient comme mes « pères » ; ils étaient soucieux de m'apporter leur protection. Ce dont me parle Papa renvoie exactement au même phénomène.

Le processus, en fait, n'est pas difficile à comprendre. Il s'agit d'une phase naturelle d'échange de la continuité de la vie. Un processus de ce type s'est sûrement produit dans ma mémoire avant ma naissance, dont j'ai hélas perdu la trace.

Ainsi ces expériences de transcommunication avec Papa m'ouvrent-elles la porte de mon mental. Grâce à elles, je peaufine mes capacités de perception. Je me métamorphose intérieurement. Je deviens plus forte, y compris face aux événements de ma vie.

Il ne se passe pas de jour que je ne remercie l'au-delà pour cette expérience avec l'invisible. Pas de jour non plus que je n'aie envie de me moquer des sceptiques – ces gens cachés derrière des armures qu'ils s'imaginent indestructibles, mais qui rouillent sur eux à leur insu, et qui tôt ou tard se fendront. Car les critiques ne manquent pas de pleuvoir sur votre tête quand vous êtes médium ! Pour moi, je les laisse glisser. Je sais qu'il existe, de l'autre côté de la vie, un monde meilleur et enrichissant. Il nous attend. Je m'y prépare. Comme je me prépare à affronter la vérité.

Quand Papa s'en est allé, j'aurais pu me laisser enfermer dans la prison de la tristesse. Ç'aurait été lâche. Et trop facile. J'ai préféré me tourner vers l'espoir, et voir se lever un nouveau jour.

La spirale de l'au revoir

Le 21 mars, jour du printemps, une euphorie générale règne sous le toit de ma maison sur lequel s'est installée une colonie de moineaux particulièrement bruyante. Ces fripons se sont lancés dans la confection de leurs nids. Je les observe accoudée à la fenêtre du premier étage. C'est le cœur en paix que je m'abandonne à ce spectacle ravissant. Mais j'ai soudain des fourmis dans la colonne vertébrale. La sensation me remonte jusqu'à la nuque. Une visite s'annonce, c'est évident. Je ne m'y attendais pas. Aussitôt s'éveille en moi le désir d'une transcommunication.

Je me retourne. Je reviens dans la pièce habitée par une énergie très forte. C'est une présence protectrice que je ne reconnais pas tout de suite. Elle s'avance vers moi. Elle me bouscule et me renverse. Je découvre à la seconde l'énergie de mon père.

Que lui est-il arrivé ? Jamais il ne m'a traversée avec une telle intensité.

Je vais m'asseoir devant l'ordinateur. L'effet est immédiat : l'énergie s'empare vigoureusement de mes mains. Mes doigts se mettent à courir sur le clavier. L'esprit de Papa semble intarissable. De quelle nouvelle vérité s'agit-il ? Autour de moi, les vibrations sont très actives, comme si les énergies présentes avaient subi un rajeunissement.

— Les énergies de mon esprit se sont dédoublées, dit Papa. Je peux maintenant me projeter en plusieurs endroits à la fois, et y rester autant que je le désire. Mon énergie est capable de te traverser plus facilement, et de toucher en même temps ta mère, ce qui était impossible jusqu'ici.

— Comment ton esprit a-t-il pu atteindre cette forme de dédoublement ?

— Il arrive à séparer les énergies. Et cette séparation veut dire que nous autres, esprits désincarnés, pouvons bouger dans tous les sens de la connaissance. Mon esprit duplique la connaissance inscrite au plus profond de lui, tandis que l'original rejoint le cœur de la mémoire et y reste stocké. C'est un peu comme quand tu réponds à une question. La question demeure inscrite dans ta mémoire afin de pouvoir s'enrichir, par la suite, d'autres éléments de réponse.

— Pour l'instant, mon esprit interpelle beaucoup de monde, Papa. C'est un enchantement, de les percevoir à l'instant où ils sont libérés de leurs souffrances.

— Concentre-toi sur l'écran de ton ordinateur, Michèle, et regarde ce qui se passe de l'autre côté.

Après un court instant, les visions se précisent. Ils sont des milliers d'esprits, pareils à des points lumineux, à se laisser entraîner dans un mouvement qui les propulse au centre d'une énergie bleutée, très brillante. On dirait des myriades de minuscules étoiles.

Elles ont l'air de danser dans un tourbillon de bonheur.

Ces esprits viennent de quitter la terre.

Soudain ils remuent dans tous les sens. Ils paraissent soutenus par des cordes invisibles, en équilibre sur un fil qui ondule – vagues de l'océan ou notes de musique. Je ne vois aucun visage, seulement des points lumineux rivalisant d'éclat. Je note que certains restent à la traîne. Ceux-ci rencontrent manifestement des difficultés dans leur ascension.

Mais cette vision disparaît brusquement. J'en reste un moment bouche bée devant mon écran. Puis je sens les larmes envahir mes yeux. Je pleure de joie. Quel privilège d'avoir pu contempler ce spectacle féerique ! C'est un des plus beaux cadeaux qui m'ait été offert par l'au-delà depuis le début de ma vie de médium.

— Papa ?

— Oui...

— Ces esprits qui quittent la terre... Ne pourrais-tu me faire partager une vision plus concrète, plus profonde de leur ascension ?

— Imagine une spirale dont le fond serait très sombre. Plus la spirale s'élargit, plus la vision se métamorphose. Les points lumineux qui apparaissent sont des particules d'énergie pure. Ce sont les esprits qui rejoignent l'au-delà.

— Mais ceux qui résistent, que leur arrive-t-il ?

— Ils restent en suspension dans la spirale. Jusqu'à ce qu'ils comprennent que le chemin de leur évolution commence par la découverte de cette dimension où je me trouve...

— Y a-t-il des esprits qui évoluent plus rapidement que d'autres ?

— Ceux des enfants, Michèle.

— Ceux des enfants ?

— Quand mon esprit touche celui d'un enfant, ce dernier se met à vibrer plus fort, et son énergie devient plus fluide.

— C'est normal, non ?

— Bien sûr. L'énergie de l'esprit d'un enfant se déplace plus vite. L'esprit de l'enfant essaie de trouver une protection parmi les esprits de ses ancêtres. Il cherche sans relâche...

— Ils sont plus fragiles ?

— Au contraire, ce sont les plus forts, parce qu'ils portent en eux une puissance considérable : la pureté de l'amour.

Mais une question me turlupine, soudainement :

— Dans l'au-delà, y a-t-il des esprits malheureux ?

— Non, chérie. Dès lors qu'un esprit a accepté d'entrer dans une autre dimension de la vie, il n'a plus de raison d'être malheureux. Il est vrai qu'il peut avoir du mal, quelquefois, à trouver le chemin de sa délivrance. Mais une fois que c'est fait, il rencontre une paix intérieure.

— Tout est dans l’acceptation du changement, si je comprends bien.

— C’est le mécanisme même du déclenchement de l’évolution. Après, l’esprit apprend à se mouvoir dans un espace qui n’est pas celui de la terre.

— Ici, nous avons besoin d’oxygène pour respirer...

— Dans l’au-delà, notre oxygène, c’est l’énergie de l’amour que vous nous envoyez chaque jour de votre temps.

— L’amour tient une grande place dans l’au-delà.

— Plus encore que tu ne l’imagines. L’amour est la source de la connaissance de toutes choses créées par la vie. Tu sais Michèle, dans la dimension où je me trouve, je vois Dieu...

— Vraiment ?

— Vraiment. À travers mon ressenti. Et c’est sublime, Michèle...

— Dis-m’en plus !

— Dieu la Vie est une immense boule d’énergie, un magma d’amour en fusion. De cette énergie émanent des rayons lumineux qui se perdent dans la profondeur des univers. Chaque rayon est une dimension différente renfermant un secret de la vie. C’est entre les vibrations de ces rayons lumineux que les esprits évoluent. Tout ce que nous pouvons connaître provient de ces superbes rayonnements de l’amour...

— Une immense boule d’énergie en fusion...

— Oui, une forme, un mouvement unique qui se modifie sans cesse. Pense à une gigantesque sphère de lumière tournant sur elle-même. En son centre, on ressent des pulsations - comme un cœur qui bat, si tu veux. Ce cœur est bien rythmé, et chaque battement entraîne une plus forte concentration de lumière dans les rayons qui s'en échappent.

— Le cœur dont tu parles a-t-il lui aussi une forme bien spécifique ?

— On ne peut parler de forme concrète. Tout se situe au niveau vibratoire. Le cœur en question est une puissante densité vibratoire. S'y réunissent toutes les mémoires que la vie a créées. Il en émane des couleurs merveilleuses, invisibles sur terre. Et sa forme est en perpétuel changement. Ce cœur est une masse qui tourne sur elle-même et se multiplie dans le visible et l'invisible - deux mondes qui s'adaptent l'un à l'autre comme des jumeaux. Tu ne dois jamais oublier que l'esprit est la base fondamentale de la création d'un être. C'est l'énergie même, créée à l'image de Dieu la Vie. Dieu la Vie est la mémoire universelle dans laquelle évoluent les esprits et toutes les informations possibles.

— Mais Dieu le Fils ?

— Dieu le Fils est la résultante de la mémoire de la vie, l'esprit en harmonie avec la matière biologique. Dieu, le Saint-Esprit, est mémoire première, celle qui renferme le travail des grands courants cosmiques qui ont créé les univers et les mondes parallèles. Tu vois que l'on aboutit au triangle parfait, accomplissement de la connaissance de la vraie vie, laquelle gardera toujours la trace indélébile de l'identification de l'énergie et de la matière. Ce triangle représente le gigantesque travail de Dieu.

— C'est ce que les hommes considèrent depuis toujours comme une énigme.

— Sauf que ce n'est pas une énigme, puisque la connaissance peut être redécouverte à travers les cycles naturels de la vie. La mémoire de l'origine de la vie gît dans tous les processus, quand bien même ces processus concernent une particule infime.

— Alors Dieu est une masse lumineuse...

— ... qui possède la puissance du Verbe, et peut engendrer une future mémoire. Si tu prends le temps d'étudier et de ressentir l'énergie, Michèle, tu découvriras les faiblesses de la matière, les maladies, les cataclysmes et d'autres maux encore.

— Mais comment se rejoignent le visible et l'invisible ?

— Grâce à des codes vibratoires qui font le lien entre mémoire et vie. Ces codes règnent aussi sur l'équilibre de l'esprit. Il existe un code originel, empreinte de Dieu sur la vie, les êtres et les choses. Ce code est présent lors de la rencontre des deux substances : l'énergie ou esprit, et la matière ou corps. Le code reste dans l'être jusqu'à sa mort physique, puis il rejoint la mémoire collective de l'au-delà.

Au terme de cette expérience de transcommunication, il me semble comprendre mieux le destin de notre monde dans le futur. Tant qu'il se trouvera sur terre un être pensant, le monde existera, car la force de la pensée sera régénérée dans l'amour que nous partagerons entre nos différentes dimensions. En effet, Dieu la Vie n'aurait pas donné toute Son énergie pour créer l'humanité dans le dessein de la voir s'éteindre à jamais.

Mais le danger, aujourd'hui, c'est que la mémoire de nos contemporains n'est plus approvisionnée que par des idées concrètes. Les gens sont pressés d'accomplir trop de choses. Ils ne vivent presque plus dans la vérité de leur identité ; ils tendent à devenir des robots sans autres bagages que des moulins à vent. Ils oublient un peu facilement que dialogue est synonyme de liberté, et qu'en ouvrant son cœur à d'autres dimensions chacun peut perfectionner sa propre existence.

Les univers parallèles

— Parle-moi des univers parallèles...

— La terre se trouve dans le premier univers, Michèle. Mais cet univers touche d'autres univers où la vie est différente, où évoluent d'autres êtres sur d'autres fréquences. Et ces univers parallèles forment une chaîne indestructible qui permet à la mémoire de la vie de perdurer dans sa pureté.

— Où se trouvent-ils par rapport à Dieu ?

— Ils se trouvent autour de Lui. Ils évoluent entre les rayons d'énergie qui portent Sa connaissance.

— La connaissance de l'évolution est-elle la même dans tous ces rayonnements d'énergie ?

— Non, elle est différente parce que évolutive. Tu sais, être ici c'est comme être à l'école. On apprend. Les êtres de lumière nous transmettent tout ce qu'un esprit doit savoir au sujet de son évolution. Et ce qui nous guide, c'est la connaissance de Dieu.

Les roses de l'Amour

Dix heures sonnent au clocher de l'église. Je termine enfin mon rangement. Mais le téléphone retentit.

— Allô ?

C'est Maman.

Elle me prie de venir chez elle. Je lui trouve une voix bizarre, comme entrecoupée de sanglots.

— J'arrive, Maman...

Vite, je me rends auprès d'elle. Que peut-il bien se passer, qui la mette dans cet état ? Je la trouve souffrante.

— Qu'y a-t-il, Maman ? C'est ton arthrose qui s'est réveillée ? Tu as mal aux genoux ?

Elle secoue la tête en affichant une mine désespérée.

— Non, soupire-t-elle. Je ne peux pas expliquer ce qui m'arrive. J'ai envie de pleurer. C'est à l'intérieur que ça se passe. Ce vilain sentiment ne veut pas me quitter.

Tout en essayant de lui parler et de la réconforter, je promène un regard sur le séjour. Et tout de suite je comprend qu'une visite a eu lieu. Une visite de l'au-delà. La pièce est encore traversée de vibrations. Et ce sont des vibrations très fortes ! Autrement dit, susceptibles d'être émises par plusieurs esprits à la fois, ou une très haute entité. Elles demandent à être captées. Mais ma pauvre Maman n'a pas l'habitude de recevoir autant d'énergie d'un seul coup. D'où ce sentiment de profonde tristesse qui l'accable. Je reprends doucement :

— Dis donc, Maman. C'est un vrai défilé, chez toi ! Tu as invité tout l'au-delà à venir boire le café, ou quoi ?

Je sais d'expérience qu'un peu d'humour peut contribuer à débloquer bien des situations. Maman lève vers moi un regard implorant.

— Qu'est-ce que je dois faire, Michèle ?

— Je vais m'en occuper. Voir ce qu'ils veulent. Ne t'en fais pas... Mais d'abord et avant tout, arrête de pleurer.

— Si tu savais comme je me sens triste aujourd'hui. C'est affreux. Pourquoi ?

— Parce que tu as reçu une forte poussée d'énergie au fond de ton être. Ils t'ont touchée, c'est tout.

En effet, les énergies se bousculent autour de moi. Toutes ont des natures différentes. Certaines sont plus fortes que les autres. Il en est qui me sont étrangères. Elles cherchent à entrer en communication, mais leur intensité m'effraie, tant elles se montrent envahissantes pour mon esprit. Je décide d'appeler à l'aide l'esprit de mon père.

— Papa...

Le silence s'installe durant quelques minutes. Rien ne se passe. Et les énergies deviennent de plus en plus fortes. Que faire ?

C'est alors qu'une puissante énergie se manifeste au sommet de ma tête, puis descend de part et d'autre de mon visage. J'ai le cou et les épaules parcourus de frissons. Je viens de reconnaître l'énergie de mon père. Pourtant elle a changé. Elle est devenue plus compacte, plus solide. Je me sens tout de suite soulagée. Je sais que Papa va servir de filtre entre l'au-delà et moi.

Depuis qu'il est mort, Maman a pris l'habitude d'honorer sa mémoire en laissant toujours des fleurs auprès de sa photo, histoire d'entretenir la flamme de la complicité et de l'amour. Mais un jour, Maman s'est aperçu – à sa grande surprise – qu'une des roses disposées dans le vase s'était cristallisée ! Le même scénario s'est produit près de la photo de mes grands-parents. Pour moi, je suis certaine que Papa n'est pas étranger à ce phénomène. Je décide d'en avoir le cœur net.

— Pourquoi deux roses se sont-elles cristallisées dans deux vases différents, Papa ?

— Les roses sont une forme de message, chérie. La rose, c'est la beauté. Et la beauté est éphémère.

— L'énergie de l'amour passe à travers les roses ?

— Oui, Michèle. L'énergie de mon esprit a pris celle des roses. Elle les a traversées pour vous montrer que je suis bien vivant de l'autre côté de la vie. L'amour traverse bien des choses. Des formes invisibles à l'œil humain ont cette faculté de se propager dans toute énergie vivante créée par la vie. Car l'amour est depuis le commencement de la vie dans chaque chose créée. Et l'énergie de ces formes cherche une connexion directe avec l'amour que renferme l'esprit. Pour nous, ici, ce phénomène est parfaitement naturel. Il relève des principes d'évolution de la vie dans l'invisible comme dans le visible. La force de l'amour transite de l'énergie vers la matière, et celle-ci a le droit de l'accepter ou de la refuser...

Depuis que mon père s'en est allé, j'ai vu que les gens sont de plus en plus nombreux à s'interroger sur l'existence de l'au-delà. Beaucoup se demandent ce qui les attend après leur passage sur terre. Existe-t-il une continuité réelle de la vie de l'esprit ? Ayant pratiqué la transcommunication avec l'esprit de mon père, à toutes ces personnes je peux répondre oui. Oui, il existe une autre vie, plus belle encore, qui évolue dans l'harmonie de l'évolution avec la force de l'amour perpétuel.

Ceci m'amène au cas de Véronique, une amie qui ne parvenait pas à admettre la disparition de sa mère. Combien de fois lui ai-je conseillé d'avoir confiance en l'au-delà ! Un jour, n'y tenant plus, j'y suis allée carrément :

— Dis à ta maman que tu l'aimes, et laisse son esprit en paix. Elle a rejoint l'harmonie, alors ne te mets pas sur son chemin avec tes larmes !

J'avoue que cette petite mise au point a eu sur l'amie Véronique un effet des plus bénéfique. Depuis, elle s'est assagie. Il lui arrive maintenant de sentir une main invisible lui caresser les cheveux. C'est sa chère maman, sans doute, qui vient lui faire un petit bonjour, et la féliciter de son attitude plus tolérante à l'égard des esprits.

Février est un petit mois très dur. Dehors, règne le froid. Je m'amuse à observer les oiseaux amassés sur les boules de graisse accrochées à leur intention dans un abri sur la terrasse. Et soudain je sens revenir, au fond de moi, cette mélancolie qui m'avait atteinte le premier jour de l'année. Un sanglot se noue dans ma gorge. Est-ce l'annonce d'une transcommunication imminente ? Un esprit est auprès de moi. Et ce n'est pas celui de mon père. Il s'agit d'une présence féminine. Quelqu'un que j'ai connu enfant.

— Catherine ?

Catherine était une voisine chez qui j'aimais aller me réfugier parfois, ma confidente en somme. Malheureusement la maladie a eu raison de son sourire. Un vilain cancer nous l'a enlevée.

— Comment vas-tu, Catherine ?

— Tout va bien, Michèle. Je suis heureuse...

Ces mots me font plaisir. Mais c'est une certitude pour moi : les esprits, une fois désincarnés, se retrouvent tous dans l'évolution de l'au-delà.

Mais Catherine n'est pas seule à être venue me voir. Un autre esprit l'accompagne ; et c'est celui de Papa...

— Je te le répète avec amour, Michèle : veille sur ta santé...

Cela fait plusieurs fois que l'esprit de Papa attire mon attention sur ce point.

— Écoute ton père, ajoute l'esprit de Catherine.

Je dois me rendre à l'évidence : ils ont raison de me mettre en garde. Pourtant, une fois encore, je préfère passer outre, sous prétexte que mes activités m'accaparent et que les autres ont besoin de moi.

Dans quelques mois, viendra l'amère vérité...

Mais pour le moment je sens que les esprits

sont venus en force, avides de communiquer, manifestement. Cependant ils sont trop actifs, trop pressants, trop énervés, et je ne peux leur ouvrir la porte de mon mental. Cela risquerait d'être dangereux. Car, souvent, ils me pompent des quantités d'énergie incroyables, sans m'en apporter en retour. Ils me vampirisent. Et un médium ne doit jamais se laisser vampiriser. Telle est la règle. En définitive, je n'ai qu'une tête à ma disposition ! Il convient de la ménager. Je sais très bien que tous ces esprits ont des messages à transmettre à leurs proches restés sur terre, mais je leur consacrerai du temps quand je me serai reposée. Lorsque je serai en forme, ce sera pour moi un plaisir que de les satisfaire. Pour l'heure, je me contente de leur expliquer mentalement mes dispositions présentes. Et le plus merveilleux, c'est que je sens aussitôt le respect s'instaurer. Comme quoi, il suffit d'ouvrir son cœur...

M'adressant de nouveau à mon père, je reprends :

— Je ferai attention à ma santé. Ne t'inquiète pas.

Lui ne me vampirise jamais. Au contraire, l'esprit de Papa est devenu ma meilleure protection dans l'au-delà.

Les jours suivants, tandis que se poursuivent mes occupations coutumières, je ressens des douleurs à l'estomac. Je décide de consulter. On me prescrit des examens. Mais la médecine ne trouve rien. Certains praticiens accusent le stress, d'autres les nerfs. Tous sont de l'avis de Papa : j'ai besoin de repos.

Un ange est passé

En dépit d'une fatigue qui ne me quitte plus, je ressens une forte présence auprès de moi. C'est une énergie rassurante et douce, qui m'invite à communiquer. D'abord, je n'éprouve pas le besoin immédiat de répondre favorablement. Puis de petits chatouillements se produisent autour de ma fontanelle. Ces signes sont tellement familiers ! Ils m'incitent à me rapprocher davantage de la dimension de l'au-delà. À nouveau la joie éclate au fond de mon cœur. C'est une visite de mon père.

— Tu vas bien, Papa ?

— Je suis accompagné, aujourd'hui encore. Qui est avec moi, à ton avis ?

Un devinette... Je reconnais bien là l'esprit facétieux de Papa.

— C'est quelqu'un de la famille ? Un ami d'autrefois ?

— Ni l'un ni l'autre.

— Je donne ma langue au chat.

— Je suis venu accompagné d'un être de lumière, dit Papa.

Il s'est exprimé avec une profonde gravité.

— Quel est son nom ? dis-je, émue.

— Jean.

Mes mains tremblent sur le clavier de l'ordinateur. Non que j'aie peur ! Mais cette énergie est si forte... On dirait une cape jetée sur mes épaules. Je rassemble mon courage. Je m'enhardis :

— Bonjour, Jean !

L'aura de Jean me rassure. Je décide d'ouvrir la conversation par un sujet qui me préoccupe depuis toujours :

— Les anges existent-ils réellement ? Êtes-vous un ange vous-même ?

Sa réponse ne se fait guère attendre :

— Je suis un esprit qui a évolué dans la connaissance de la vie depuis le commencement de toute chose. J'accompagne l'esprit de ton père. Je dois l'aider à devenir aussi parfait que possible, et surtout très fort en énergie pour assurer ta protection.

Mais Jean ajoute bien vite :

— Pourquoi gardes-tu encore cette tristesse en toi, Michèle ?

Je soupire. Que répondre ? Je finis par dire :

— Peut-être que mon don me fait encore un peu peur. Peut-être que cette grande connaissance que vous m'insufflez devient trop lourde à porter pour mes petites épaules...

Et je dis aussi :

— Peut-être que tout est allé trop vite. Le départ de mon père vers l'au-delà, son retour sous la forme d'un esprit...

L'esprit appelé Jean reprend au bout d'un temps :

— Il ne faut pas avoir peur, Michèle. Nous sommes là. Nous te guidons.

— Je sais, Jean. Je sais tout cela. Mais peut-être est-ce mon côté humain qui souffre, non le médium que je suis.

Les larmes coulent maintenant sur mes joues. On dirait que le chagrin lâche la bonde. Je ne peux m'empêcher de pleurer. Mais pleurer me fait du bien. Ces larmes, je les retenais depuis trop longtemps. Je sais à présent que tout ira pour le mieux. Il est vrai qu'il faut parfois savoir se laisser aller. Admettre que les larmes peuvent être un bienfait. Reconnaître qu'elles aident à faire ressurgir les sentiments vrais que l'on gardait cachés au fond de son cœur, et qu'il faut bien placer un jour ou l'autre sous la lumière de la vérité.

Ayant bien pleuré, et bien séché mes larmes, je suis de nouveau en état de poursuivre cette transcommunication avec cet hôte particulier.

— Pourquoi accompagnez-vous l'esprit de Papa ? Son énergie a-t-elle faibli ?

— Pas le moins du monde. Je suis seulement là pour l'aider à te fournir des informations. Et éventuellement te les fournir moi-même...

— Alors, qui êtes-vous ? Vous portez un prénom humain. C'est étrange. Quel rôle jouez-vous dans l'évolution des esprits ? Êtes-vous aussi présent sur terre pour nous permettre d'évoluer...

— Que de questions ! Tu veux savoir qui je suis ? Je vais te mettre sur une piste. Mais un travail mental te sera demandé. À toi de me découvrir à travers tes sentiments et tes ressentis. Imaginons que, dans le futur, un autre être de lumière se présente à toi en disant qu'il est lui aussi l'énergie. Que lui répondras-tu ?

— Si cet être de lumière vient seul à moi, je commencerai par tester la force dégagée par son énergie, sans pour autant m'ouvrir tout de suite au dialogue. S'il est accompagné, comme vous l'êtes en ce moment, alors je lui ouvrirai mon mental.

— S'il te dit : « N'aie pas peur, je suis André, un être de lumière », que répondras-tu ?

— Je testerai son énergie. Si elle possède un bon taux vibratoire, j'engagerai la conversation comme en ce moment avec vous.

— Je vois que tu as compris qu'un prénom est indispensable pour la première présentation. D'où mon prénom : Jean. En éprouvant la puissance de mon énergie, tu pourras tout de suite savoir de qui il s'agit... À partir de ce jour, tu pourras ressentir mon énergie et la transférer vers la tienne. Ainsi nous formerons, toi et moi, une unité dans un dialogue dimensionnel. Dans l'au-delà, bien sûr, le problème ne se pose pas, puisque le partage des vibrations est inné.

Cette expérience de transcommunication me laisse une impression très forte. Je suis entièrement traversée par l'énergie de cet être de lumière appelé Jean. Et ce contact m'apaise. Je sens vibrer en moi la force de son amour.

L'échange se produit à un niveau de conscience différent, dans un espace-temps où la jalousie, la colère et le mépris n'ont pas cours.

Dans un premier temps, j'ai envie de rire et de pleurer à la fois. C'est un ressenti profond qui m'anime ; et c'est tout autre chose qu'avec Papa. L'énergie de Jean m'enveloppe et me procure une joie sans pareille, sans rapport avec l'amour tel qu'il s'échange sur terre entre les êtres incarnés. Au fond de moi, je reconnais cette énergie. Mais quant à la situer exactement dans ma mémoire, c'est impossible. Je sais seulement qu'elle fait partie d'un tout, qu'elle était déjà là avant mon existence.

— Jean, avez-vous été conçu, comme nous, dans la matière ?

— Non, je ne suis pas conçu comme un être de chair et de sang. Ma vie était, est et sera à jamais dans l'énergie créatrice des mondes. Je n'aurai jamais d'autre oxygène que l'amour de la création. Car la vie est une forme pensée sans limite dont la connaissance s'étend comme un voile lumineux. Ce voile évolue dans tout espace grand ou petit, là où il peut s'implanter dans l'énergie et former à l'infini dans le visible et l'invisible des copies de sa propre mémoire. Nous sommes les descendants des premières mémoires que la vie a engendrées sur les bases d'ensemencement des mondes qui peuplent les autres univers. Notre rôle est d'aider les esprits – tel celui de ton père – à préserver la sensibilité qui les habite et à forger en eux leur évolution. Nous les aidons aussi à trouver en eux la vérité qui les conduira sur le chemin de leur propre origine.

— Comment la concevez-vous, Jean, cette origine ?

— Dès la première palpitation de la vie, des enseignements ont pris naissance. Leur logique reposait sur la connaissance, la mémoire, les cycles, les cellules, les molécules et les particules. Ces éléments ont été répartis dans plusieurs univers en même temps. Ils ont grandi avec l'intelligence des êtres qui les possédaient. Et ces êtres sont devenus les gardiens de la connaissance. On les appelle les êtres de lumière. Je suis l'un d'eux. Quant aux enseignements, ils sont désormais intelligence suprême. C'est elle qui décide du bien-fondé de chaque chose créée par la vie.

— Quel rapport y a-t-il entre vous, les êtres de lumière, et nous, les êtres de chair et de sang ?

— Les êtres de chair et de sang sont, de par leur mémoire, les descendants des êtres de lumière...

— Nous sommes vos descendants directs...

— Et nos héritiers, à travers la puissance de votre mémoire et de votre esprit.

— Cette intelligence à laquelle vous faites allusion permet-elle de concevoir une forme de communication avec les règnes du minéral, du végétal et de l'animal ?

— Oui, Michèle, ces trois grands règnes qui composent la vie ont reçu l'intelligence selon leur propre plan d'évolution. L'être humain représente, depuis la création de la vie, un ensemble de mémoires réparties sur deux plans bien définis de l'évolution, en lesquels aboutit la conception de l'être dans sa matière et dans son énergie. La conscience individuelle de chaque être est reliée à la mémoire de la création de la vie, à la nature et à la mémoire universelle.

— Existe-t-il un danger dans l'évolution ?

— Oui. La séparation de la mémoire originelle de l'être avec la mémoire des règnes du minéral, du végétal et de l'animal. Aujourd'hui, l'homme viole les lois de la nature. Il croit savoir beaucoup de choses et il se trompe. Il oublie que les règnes du minéral, du végétal et de l'animal évoluent sur la fréquence du mouvement de l'amour. Les règnes non humains possèdent la vraie connaissance de l'évolution. L'homme doit le comprendre, au lieu de se faire destructeur. Il doit intervenir rapidement pour favoriser les processus naturels, et les rétablir quand ils sont rompus. C'est une question d'harmonie cosmique et d'équilibre profond. D'ailleurs la nature va bientôt exiger de reprendre ses droits, et elle le fera en se manifestant de plus en plus fortement par des tremblements de terre et des épidémies. Ces terribles fléaux s'ajouteront à un autre : l'ignorance.

Comme Jean a raison ! Ce qu'il dit ne me choque ni ne me surprend. Nous communiquons de la façon la plus naturelle. D'ailleurs sa présence à mes côtés se fait de plus en plus vigoureuse quand il reprend :

— Nous autres, êtres de lumière, sommes aussi les échos des hommes incarnés. Nous vivons à travers vous dans la profondeur de vos ressentis.

— Mais sous quelle forme êtes-vous sur terre ?

— En cet instant précis, je suis près de toi. As-tu besoin que je prenne une forme quelconque pour communiquer avec toi ? Ma voix ne se fait-elle pas entendre dans les vibrations qui émanent de ton cœur et de ta pensée ?

Jean me fait songer à un sage dont je serais le disciple. Mille questions se précipitent dans ma tête. C'est au point que je ne sais par laquelle commencer ! Mais une poussée se produit au sommet de ma tête. C'est Papa. Il me conseille doucement de prendre mon temps pour interroger l'être de lumière.

— Parle-lui de l'évolution de l'esprit dans l'énergie, murmure-t-il.

J'enchaîne aussitôt :

— Jean, on dit que dans l'au-delà l'esprit grandit dans la forme de la sagesse. De quelle sagesse s'agit-il ?

— La sagesse ne consiste pas à devenir plus

intelligent. C'est d'un processus de reconnaissance qu'il s'agit. D'un retour aux origines de l'esprit.

— En quoi consiste ce processus ?

— Retourner à l'origine, c'est apprendre à reconnaître les éléments qui émergent d'un esprit en évolution. Ces éléments ont appartenu à différents esprits beaucoup plus évolués qui transmettent leurs informations à ceux qui vont s'incarner dans un nouveau corps. Ces informations sont transmises à travers plusieurs hiérarchies différentes dans lesquelles les civilisations anciennes sont retenues avec tous leurs secrets.

— Ces informations sont-elles transmises des ancêtres vers les descendants directs ?

— Pas toujours. Un esprit qui évolue sur terre en laissant dormir sa sensibilité dans sa mémoire n'est pas un esprit ouvert. Aussi, lors de son passage dans l'au-delà, ne peut-il aller directement vers la connaissance.

— En définitive, Jean, qu'est-ce qu'un esprit ? Et quelle est son origine ?

— L'origine de la création de l'esprit a pris forme à travers les énergies provenant des grands courants géniteurs de la vie. Ces courants sont ceux par lesquels la spirale de la vie s'est créée. Lors de la création de l'esprit pur, ces grands courants énergétiques ont formé des milliers de copies de leur propre mémoire. Cette mémoire est devenue la base du savoir. Plus tard, elle est devenue mémoire universelle. Et la mémoire universelle, c'est tout simplement la vie.

— Que représente le mouvement, Jean ?

— Le mouvement est partout. Tout est mouvement. La naissance d'une planète est mouvement. La rotation de la terre. Le balancement du pendule cherchant un lieu, un objet ou une vérité cachée. Les artères, les veines et le cœur sont mouvement. De même le crépitement de la pluie dans une flaque d'eau où se décrivent des cercles toujours plus grands. Le plus bel exemple de mouvement est sans doute l'ovule, base de la conception humaine. Partout, dans le visible comme dans l'invisible, on trouve la trace du mouvement. Grâce au mouvement, l'énergie se transmet et se transforme en donnant à toute matière accès à son origine.

Toutes ces réponses sont si précises ! Elles me laissent un instant songeuse. Qui sommes-nous dans notre univers ? De toutes petites choses, à vrai dire, que la vie entraîne à son gré dans la découverte de sa création. Pourtant, ce dialogue avec l'au-delà m'a offert une vision de notre monde futur, une possibilité d'échapper à un présent quelquefois douloureux, traversé de personnes qui m'appellent au secours, auprès desquelles je ressens de la tristesse, et même, bien souvent, de la détresse.

La vie a un sens. Elle obéit à une logique. Elle ne revient jamais sur ses pas. Elle progresse, confiante dans la continuité d'un message transmis par le cycle des renaissances et des destructions. Parce que je regarde la vie comme création, la vie me permet en retour de soulever le voile de son intimité, de faire corps avec elle et de partager sa connaissance avec vous.

Mais une question me vient à l'esprit. Si la vie est fondée sur des fréquences vibratoires, toute chose vivante créée par la vie et possédant une mémoire doit impérativement réagir à ces fréquences. Or, prenons l'exemple des virus et des bactéries : ce sont des intelligences, elles possèdent le mouvement perpétuel de la vie. Alors pourquoi ne pas réfléchir à cet état de choses ? Et surtout, pourquoi ne pas essayer de les connecter avec les bonnes fréquences ? J'en viens souvent à penser que, si l'homme connaissait sa propre origine, il pourrait combattre ses maladies et en guérir.

— L'homme, dis-je, n'exploite en définitive qu'une infime partie de son cerveau.

— C'est vrai, dit Jean.

— Comment te sens-tu ? intervient l'esprit de mon père.

— Bien, dis-je. Seulement un peu déconcertée...

Je suis visitée par le souvenir d'une maman qui m'a demandé un jour ce qu'il advenait, dans l'au-delà, des esprits des enfants morts quelques minutes après leur naissance. Leur évolution est-elle différente de celle d'un adulte ?

La réponse de Jean à cette question est surprenante :

— Son évolution sera plus rapide que celle d'un esprit ayant vécu de longues années sur terre. En effet, ce petit esprit ne ressentira pas le besoin de travailler les émotions de ses souvenirs. Son énergie pure, son aura, partira en quête de la connaissance, puis il s'en nourrira comme il l'aurait fait sur terre en tétant le sein maternel. Pour nous, qu'un nouveau-né soit obligé de s'en retourner dans l'au-delà, ce n'est pas un malheur. Au contraire, c'est un grand bonheur. Ce petit esprit qui nous revient trouvera sa place et grandira dans les cycles de la vie.

— Mais pourquoi avoir donné à ce bébé quelques heures de vie si c'était pour le reprendre aussitôt ? C'est illogique...

— Et même insupportable, du point de vue des émotions qui sont celles du monde terrestre. Mais, dans l'au-delà, il existe une règle toujours appliquée, à savoir que rien ne se perd dans l'énergie, car tout se transforme au moment désiré. Quand l'esprit du bébé nous revient, c'est un bienfait, pour lui comme pour nous. Car la mémoire collective n'est jamais détruite. Dans l'invisible, rien n'est soumis à la destruction. Ce petit esprit ne fera qu'acquérir plus de puissance. Il créera sa nouvelle forme de vie. D'ailleurs ici, dans l'au-delà, les grands esprits sont bien souvent les esprits d'enfants. Tel était le message de Jésus, du reste : « Laissez venir à moi les petits enfants. Car le royaume des cieux leur appartient. »

— L'esprit du nouveau-né garde-t-il en lui le souvenir de ses parents biologiques ?

— Oui. Au niveau fréquentiel, non émotionnel. Tout au long de la grossesse, la future mère apprend au fœtus à percevoir les fréquences vibratoires qu'elle possède depuis le commencement de la vie dans les univers. Le fœtus acquiert alors ses propres fréquences, et celles-ci constitueront la base de son existence en tant qu'esprit dans la matière. Et comme il ne peut engendrer que ce que la vie lui a donné, il se souviendra de ses parents biologiques à un niveau fréquentiel.

— Mais ne possède-t-il pas un code ?

— Si. Un code énergétique communément appelé IOV, pour « Identité originelle vitale ». L'IOV est un peu l'ADN de l'énergie. Sans ce code, l'esprit ne pourrait s'adapter à une mémoire organique. Il prend pour forme première l'échange vibratoire intervenu entre la fréquence vitale du spermatozoïde et la fréquence de réceptivité de l'ovule. Lors de la fécondation, le code entoure la mémoire organique de façon à reproduire sur elle le rythme de la vie.

— Et lorsque le bébé vient au monde ?

— Le code énergétique cesse son activité. Il restera néanmoins présent dans la conscience de l'enfant. La naissance – ou renaissance, si tu préfères – n'est pas un traumatisme. Bien au contraire, c'est un changement d'état, un transfert d'énergie.

— À ce stade, le petit être perçoit-il la fréquence de l'amour ?

— L'amour fait partie des fréquences de la vie, Michèle. L'amour renferme les énergies pures et fait partie du niveau fréquentiel.

Et Jean d'ajouter :

— Tous les enfants, à l'origine, sont de grands médiums. Par la suite, en fonction du contexte, certains conservent leur capacité et d'autres non. Mais la connaissance est en eux, susceptible de resurgir plus tard.

Quel étrange langage ! Toute cette magie qui se transmet à la matière et lui donne la forme désirée ! C'est le travail colossal de la vie dans l'invisible. Grâce à lui, aucune énergie n'est détruite, mais seulement transformée.

Jean, l'être de lumière, m'offre un tout autre regard sur l'invisible. Je m'aperçois qu'on a inventé un bon Dieu, un vieillard de préférence, afin de représenter l'autorité et le respect. À cette invention, on en a ajouté d'autres : le paradis et l'enfer, avec le purgatoire pour réaliser l'équilibre entre les deux. Mais ces mensonges étaient-ils nécessaires ? Fallait-il vraiment induire les hommes en erreur ? Pourquoi avoir masqué la vérité ? Pourquoi n'enseigne-t-on pas aux gens les principes authentiques de l'évolution des esprits dans l'invisible ? Je crois qu'on le fera un jour. Alors la peur n'aura plus lieu d'être. Et le monde changera enfin.

Mais les heures ont passé bien vite. La fatigue se fait ressentir dans mes mains. J'invite l'être de lumière à se retirer. Puis je dis au revoir aussi à l'esprit de mon père. Et je quitte le plan de la transcommunication.

J'ignore à ce moment-là qu'une force maligne est sur le point d'entrer dans ma vie. L'épreuve qui m'attend sera faite de souffrance et de peur ; et elle aussi changera ma vision du monde.

Petits princes messagers

Petits princes messagers,
Enfants de l'au-delà,
Petits princes de l'énergie dans le tourbillon de la vie,
Vous ne connaissez pas l'interdit,
Vous êtes les messagers de la vie.
Petits poèmes de notre cœur,
Vous nous donnez les couleurs qui portent bonheur
Et rapprochent nos cœurs.
Petits princes de dignité,
Vous formez dans nos pensées les beautés de votre réalité.
Petits princes du renouveau, avec vous tout est beau.
Petits princes de la magie, vous êtes des génies.
Avec vous tout se traduit
Dans les mots simples de la vie.
Vous êtes un don béni dans l'infini du cœur de la vie.
Petits princes de la liberté,

Vous nous aidez à nous exprimer dans la beauté de l'imaginé.

Vous nous donnez une vérité dans la voie de la réalité.

Petits princes nobles, tendres et délicats, vous nous promettez de nous revoir dans l'allégresse.

Troisième partie

Le nommer pour mieux le vaincre : James

Vous qui souffrez

Vous qui souffrez
Vous qui souffrez en silence,
Écoutez ce que vous donne la pensée,
Non pas en deniers mais dans l'amour et l'amitié.
Je suis la petite fée de votre cœur brisé.
Je suis celle qui vous donne l'émotion dans une passion.
Car je suis en harmonie avec votre ressenti.
Dans votre solitude,
Je deviens certitude,
Celle qui vous donnera raison si vous criez mon nom.
Je suis une forme pensée dans une attitude de respect.
Regardez dans le creux de vos mains,
C'est moi qui traduis votre destin.
Je suis le porte-parole du cœur de l'homme,
Car dans la fidélité je renforce l'amitié.
Dans le respect de la sincérité.
Prenez-moi dans le creux de vos mains,
Je suis la caresse du vent qui séchera les larmes de votre malheur.

Entendez-vous le frémissement du bonheur
Que l'on ne trouve nulle part ailleurs que dans l'ardeur de votre cœur ?
Je suis la princesse bonheur,
La richesse de votre cœur,
Celle qui vit dans l'unité de la vie,
Pour vous mes amis, je suis la vie !

L'autre regard

En général, l'au-delà se manifeste à moi par le clavier de l'ordinateur ou par la force de l'écriture automatique, mais sa présence peut également se faire ressentir au cours des situations difficiles. Car si la vie se révèle dans des passions merveilleuses, elle a aussi son côté obscur. Il arrive que la vérité nous frappe comme une lanière cinglante, et nous laisse plus désemparés qu'un enfant dans la tourmente. Le combat le plus dur de ma vie, je l'ai livré contre un ennemi appelé « James ».

Papa, où es-tu ? J'ai peur

Cette funeste journée de juillet 2004 commence plutôt mal. Je me suis réveillée fatiguée et sans forces. À peine sortie du lit, je dois aller m'allonger sur le canapé pour essayer de récupérer. Fermant les yeux, je repense au message que l'esprit de mon père me faisait parvenir récemment encore :

— Prends soin de ta santé.

Je sais que j'aurais dû écouter ce conseil. À présent je suis exténuée. Dès que j'essaie de faire quelques pas, la tête me tourne. À un moment, je m'écroule sur le sol. On appelle le médecin. Je fais une chute de tension. On m'expédie à la clinique sur-le-champ.

Les examens se succèdent. Puis on m'annonce la nouvelle : j'ai un lymphome perforé à l'intestin grêle.

L'intervention chirurgicale sera difficile mais elle réussit.

Dès mon réveil, je refuse d'accepter mon état. Ma rébellion s'exprime par l'éternelle question : « Pourquoi ? » N'ai-je pas toujours donné à l'autre le meilleur de moi-même ? S'agit-il d'une leçon ? Dans ce cas, que dois-je comprendre de ce qui m'arrive ? Une certitude cependant se fait jour dans cette forêt d'interrogations : je veux vivre encore. Puis l'angoisse surgit de nouveau. Qui s'occupera de Maman pendant ma convalescence ? Et si je venais à mourir, que deviendraient mes enfants ? Pourtant, j'essaie de rester positive. Je m'accroche aux éléments concrets. Je veux tout faire pour retrouver mon équilibre et ma force mentale. Ne serait-ce que vis-à-vis des autres, je n'ai pas le droit de me laisser aller. Après tout, je ne suis pas du genre à baisser facilement les bras ! Et puis il y a mon don. Ses vibrations vont m'aider à lutter. Il possède une force, et cette force me permettra de m'en sortir.

Bientôt j'essaie d'entrer en communication avec l'au-delà. Hélas, tous mes efforts sont vains. Mon ami, le monde invisible, n'est pas au rendez-vous.

J'en conclus que je suis encore trop faible pour parvenir à activer mes facultés. À ce moment-là, des mots s'échappent comme malgré moi de mes lèvres :

— Papa, où es-tu ? J'ai peur...

J'ai le sentiment affreux d'être prise dans un engrenage. Je me débats en vain. Je n'arrive pas à me délivrer. Je suis submergée par l'angoisse.

Tandis que je m'agite, j'aperçois le visage de ma voisine de chambre. Elle me sourit gentiment. Ce signe m'apaise. Je lui souris à mon tour. C'est une petite femme d'un certain âge. On devine à ses traits qu'elle possède une grande bonté d'âme.

— Eh bien ! dit-elle. Nous voilà en vacances, toutes les deux.

— Des vacances dont je me serais bien passé. Je m'appelle Michèle.

— Moi, c'est Madeleine.

La conversation se poursuit. Une amitié s'installe.

Quelques jours plus tard, alors que je commence à aller mieux, je reçois la visite d'une femme vêtue de blanc et dotée d'un magnifique sourire. C'est Colette, la psychologue du service. Je n'éprouve nullement le besoin de parler à un psy ! Je lui demande gentiment quel est son rôle ici. Un échange s'installe entre nous, et bientôt je comprends mon erreur. Colette relève de cette « force d'entraide » que je pratique moi-même avec autrui lorsque j'ai la chance d'être en bonne santé. Colette est un petit bout de femme absolument charmant. Elle possède d'ailleurs une aura pleine de force et de couleurs. Elle s'exprime avec gentillesse. Elle inspire confiance. Et elle sait écouter. C'est sa façon à elle de donner. C'est sans la moindre retenue que je lui confie mes appréhensions. Je m'ouvre aussi à elle de la force qui m'a aidée à vivre et qui continue de grandir en moi. Son large sourire se dessine à nouveau sur ses lèvres. Elle a tout compris...

— Il y a autre chose, dit-elle à voix basse, en se penchant vers moi.

Elle précise :

— Ce n'est pas seulement la médecine qui vous a sauvée. À présent il faut vous battre.

Elle ajoute :

— La vie en vaut la peine.

Elle m'adresse un clin d'œil farceur. Elle me fait un petit signe de la main. Et bientôt elle me quitte pour s'en aller visiter les autres malades de l'étage.

Aussitôt après son départ, un souffle se met à courir sur mon visage et mes cheveux. Une voix intérieure s'élève :

— Pour mieux combattre l'intrus qui est en toi, commence par le nommer.

D'abord je ne comprends pas la signification du message. Puis je réfléchis, et tout devient clair. La route est enfin ouverte ! Je peux de nouveau entrer en relation avec l'au-delà. J'ai de nouveau la capacité d'activer la force de mon mental pour communiquer avec mes cellules, et leur donner l'ordre de me débarrasser de l'intrus. Certes, la chimio est dure à supporter. Le traitement m'inflige de grandes souffrances. Néanmoins je suis résolue à me battre. Autrement dit, à m'adresser à la maladie. Je lui explique que mon corps ne lui appartient pas. Qu'il m'appartient à moi, Michèle ! Mon corps est beau, lui dis-je. Je l'aime. Comme j'aime mon esprit qui est beau lui aussi. J'ajoute que ni mon âme ni mon corps ne se laisseront jamais enfermer dans son étreinte destructrice !

Mais je suis obsédée par le message qui m'est parvenu de l'au-delà : « Pour mieux combattre l'intrus qui est en toi, commence par le nommer. »

— Très bien, dis-je à la maladie. Désormais je t'appellerai James !

Pourquoi James ? Je l'ignore. Le nom s'est présenté tout seul. Et il est devenu instantanément celui de l'intrus, de l'être hideux qui essaie de me détruire – non sans m'accabler au passage de mille souffrances. James représente dès lors cette force malfaisante qui frappe les patients alités autour de moi, et rôde le long des murs en attendant l'heure d'arracher tel ou tel à la vie, après l'avoir affaibli et réduit à un souffle.

La joie des retrouvailles

L'hospitalisation de Madeleine prend fin, et c'est avec un peu de peine que j'assiste à son départ. Deux heures plus tard, une autre patiente me rejoint dans la chambre. Elle s'appelle Liliane. Elle habite un village près du mien. Voisines nous étions dans la vie, voisines nous sommes à l'hôpital... Mais Liliane n'est pas entrée depuis deux heures que les infirmières empoignent son lit à bout de bras et entreprennent de la changer de chambre. J'interpelle une des soignantes :

— Que se passe-t-il ?

La réponse ne se fait pas attendre :

— Elle a un virus contagieux dans les intestins. Principe de précaution.

Pas de chance, me dis-je.

Le même jour, à la fin de l'après-midi, c'est mon tour d'être transportée dans une chambre stérile. L'infirmière de service m'explique que mon système immunitaire est trop faible. Il ne réagira pas en cas d'attaque par un virus.

Ma nouvelle chambre est plus petite. Elle possède un sas de sécurité où les visiteurs, avant de pouvoir me parler, devront revêtir une tenue stérile. Me voilà en quarantaine ! Je suis prise d'une envie de pleurer. Mais une visite s'annonce, justement. C'est mon mari. Vite, je ravale mes pleurs. Je tiens absolument à faire bonne figure et à me montrer courageuse devant lui.

— Michel...

Quand il s'approche, il a droit à un large sourire. Il répond de la même façon. Mais je vois bien qu'il n'est pas tranquille. A-t-il vu combien je suis malheureuse ?

— Courage, murmure-t-il. Et ne t'inquiète pas pour les gosses. Ils savent qu'ils peuvent compter sur moi.

Le lendemain, je m'entends dire à l'infirmière :

— Je vais avoir une visite de mon père, vous savez.

— Vous ne m'avez pas dit l'autre jour que votre papa était mort ? dit-elle, surprise.

Elle me dévisage d'un air inquiet, l'air de penser que je perds la raison.

— Oui, reprend-elle comme si j'étais un enfant. Votre papa va venir. Restez calme.

Je me permets de lui faire observer que je suis parfaitement calme. Apparemment, elle ne croit pas à la survie de l'esprit dans l'au-delà. Autre hypothèse : elle a compris que j'étais médium et je lui fais peur. En tout cas, elle m'observe du coin de l'œil en me prenant la tension. Je lui adresse un sourire. Pourquoi lui en vouloir ? Chacun est libre de penser ce qu'il veut. Et puis cette infirmière s'est toujours montrée bonne avec moi.

À peine est-elle sortie de la chambre que des chuchotements se font entendre autour de moi, accompagnés de déplacements d'air. Il y a une énergie dans l'angle de la pièce, à ma droite. Le déplacement d'air se fait plus fort. Peu à peu, une forme se crée. Elle ondule, sans pourtant changer de place. Elle reste dans le même angle. Au début, elle ressemble à un léger nuage, puis elle se fait plus dense. Un visage apparaît, dont les traits se dessinent lentement. Je souris. C'est la projection du visage de Papa.

À présent, Papa est assis sur une chaise. Il regarde dans ma direction. Mais ce regard n'est pas vide. Au contraire, il brille d'un éclat plein de vie. Papa est vêtu d'un pull jaune à manches courtes, d'un pantalon brun et de chaussures particulièrement bien cirées. Je voudrais tellement le toucher ! Mais je ne puis l'atteindre. Mon bras est relié à la potence de la perfusion. Alors nous nous regardons, jusqu'à ce qu'il me dise :

— Ne t'en fais pas, tout ira bien. Aie confiance en l'au-delà.

— Et en toi ?

— Et en moi. Concentre-toi sur la fréquence de ta force intérieure et rejoins-moi mentalement.

Je me hâte d'obéir.

Aussitôt j'éprouve un grand soulagement. Mon corps se détend. Un calme étrange s'empare de moi. Je n'ai pas peur. Je suis bien. Il est évident que l'esprit de Papa est en train de me recharger en énergie. D'ailleurs James commence sérieusement à accuser le coup...

Et soudain tout va très vite. L'apparition se lève. Elle se dirige vers la porte, illuminée par son aura. Parvenu au seuil de ma chambre, Papa se retourne, me sourit et sort, me laissant habitée par une grande paix intérieure. Il m'est impossible de contenir mes pleurs. Mais ce sont des larmes de bonheur et de foi. Je sais que mon appel a été entendu dans l'au-delà. Je comprends que je viens d'acquérir une force considérable, grâce à cette volonté qui m'a été transmise. James, désormais, n'a qu'à bien se tenir. Il ne fait plus le poids. Il ne peut rien contre les mondes parallèles.

Au bout de quelques minutes, je sèche mes larmes. Mon regard est resté fixé sur la porte. J'ai l'espoir que Papa va revenir. Je sais quel puissant effort a dû fournir son esprit pour que cette image se reconstitue dans ma dimension. Mais l'esprit de Papa a tenu à me manifester son amour. Et son affection m'a sauvée.

Car désormais j'étais sauvée. Certes au prix d'une lutte qui devait se révéler cruelle et qui n'est pas complètement achevée à l'heure où j'écris ces lignes. Mais, quand on a confiance en l'au-delà autant qu'en la médecine, il existe toujours une chance de s'en sortir ; et cette chance ne fait que croître jour après jour. Il m'était soudain devenu indispensable de parler à mon corps et à mes cellules.

— Aide-toi et le ciel t'aidera, lui répétais-je inlassablement.

Et je sentais vibrer en moi une énergie étrange. Je communiquais avec mon système immunitaire. Je lui parlais mentalement comme j'aurais harangué des soldats. Et chaque jour mon énergie se renforçait. La faiblesse se dissipait. Mon sourire était de retour. Je voulais vivre, vivre tout simplement – vivre et contempler encore la beauté de la vie, respirer son parfum, me bercer de sa connaissance.

Deux mois et demi durant, j'ai affronté James dans cette clinique. Il y eut des moments difficiles à traverser. Il y eut des rires et des pleurs. Des douleurs insupportables. À certaines heures, mes jambes refusaient de porter mon corps. D'autres fois, je devais contempler dans le miroir une femme si amaigrie qu'elle semblait une étrangère.

— Je suis toi ! me criait ce reflet de moi-même.

Je le repoussais.

— Tu n'es pas moi !

— C'est vrai, je ne suis pas toi.

Elle cédait du terrain. Je m'adressais alors à James :

— Laisse-moi guérir !

Je recevais régulièrement les visites de mon grand-père et de mon père, de sorte que l'au-delà était constamment présent à mes côtés. Et, peu à peu, c'est James qui s'affaiblissait. Il n'avait été finalement qu'un hôte de passage. Il ne serait bientôt plus qu'une ombre du passé.

Pendant ce temps, l'esprit se manifestait aussi en rappelant à lui de pauvres esprits en quête d'évolution ; ces derniers quittaient alors la clinique pour rejoindre un monde meilleur et devenir à leur tour des papillons aux mille couleurs. D'ailleurs il m'arrivait d'éprouver dans les couloirs le frôlement des esprits en route pour l'invisible. Leur souffle me donnait des frissons ; mais presque tout de suite je ressentais de la joie en pensant à tous ces gens lancés dans le grand voyage de la connaissance. Oubliant ma propre souffrance, je les aidais mentalement à se rendre de l'autre côté de la vie – après tout, cela ne me coûtait pas un bien grand effort, de mettre un peu de lumière sur la route de mes semblables en fin de vie.

Car, en milieu hospitalier, la souffrance n'est pas toujours le maître. On y rencontre aussi des êtres libres et indisciplinés capables de vous encourager d'un sourire et d'un généreux « bonjour ! », d'échanger avec vous une poignée de main sincère, ou d'avoir un geste désintéressé venu du fond du cœur. Pour un malade, ces signes sont de vrais réconforts. Ils vous donnent envie de vous battre et de franchir les interdits, de supporter la misère des changements physiques et des cheveux que l'on perd. Il est vrai que la maladie vous métamorphose, mais le plus important est de garder intacte son énergie intérieure. Car l'esprit aussi a son mot à dire ! Il possède une grande force, et la science omet parfois de l'exploiter à sa juste valeur.

Cette lutte acharnée contre James me fut aussi l'occasion d'essuyer quelques déceptions bien senties. Certains de mes « amis », par exemple, oublièrent de se manifester, comme si le cancer était à leurs yeux une maladie honteuse, synonyme de mort. Pour eux, j'étais déjà morte et enterrée ! Mais telle est la dimension obscure de l'existence. Certaines personnes ont tôt fait de vous considérer comme une pestiférée, et de vous expédier d'avance alors même que vous déployez tous vos efforts pour survivre. Et il n'y a rien à dire. Vous devez seulement accepter de tourner la page et continuer d'avancer. En un sens, je peux remercier James de m'avoir fait toucher du doigt cette vérité amère.

Mais je le remercie surtout de m'avoir fait découvrir des personnes dont je n'oublierai jamais le dévouement, ces petites fées tout de blanc vêtues qui m'ont soignée et accompagnée dans la souffrance et le désarroi : Valérie, Kadicha, Christine, Fatima, Blandine, Dorothée – et que celles dont j'aurais pu oublier le prénom me pardonnent, toutes se donnent chaque jour aux malades à travers leur merveilleux sourire.

Les couleurs du papillon

Je suis heureuse d'être rentrée à la maison après cette longue hospitalisation. Mes animaux m'ont tant manqué ! Et mes arbres si généreux, qui me donnent tellement d'énergie !

Depuis ce séjour en clinique, quelque chose a changé. Je suis constamment reliée à la fréquence de transfert de l'au-delà. À chaque geste que j'accomplis, je sens que les esprits répandent leur énergie autour de moi. Ils me protègent spontanément. Je n'ai plus besoin de me brancher pour entrer en contact avec eux désormais : ils sont là tout le temps...

C'est maintenant décembre. Assise au coin du feu, je regarde les bûches brûler doucement. Je suis bien.

Mais j'ai la tête emplie d'exigences. La transcommunication, notamment. Je suis à nouveau attirée par l'ordinateur.

— Doucement, proteste mon mari. Tu es encore trop faible...

Mais je fais fi de ses conseils. Je vais m'installer devant mon clavier.

— Je ne suis pas faible du tout, Michel. Au contraire ! J'ai besoin de parler mentalement. J'ai besoin de vibrations.

Déjà mes doigts s'activent sur le clavier. Les mots se présentent. Je suis surprise par les mots qui s'affichent à l'écran : « Tendresse, sensibilité, amour, douceur, tolérance, respect... »

Cela ne ressemble pas à l'énergie de mon père. De qui peut-il bien s'agir ? Soudain j'éprouve un contact – comme si une main se posait sur mon épaule. J'ai tout de suite le sourire aux lèvres. C'est pourtant lui : Papa...

— Je t'adresse ces mots, Michèle, car je veux que tu comprennes leur valeur. Ces mots, ces simples mots sont la clé qui ouvre la porte de l'au-delà. Grâce à eux, on entre dans la seconde dimension...

— La seconde dimension ?

— Oui. Je sais à présent dépasser mon énergie. En d'autres termes, mon esprit a atteint la limite de la première évolution.

— Es-tu en train d'essayer de me dire que tu découvres un nouvel échange au niveau vibratoire ?

— Oui.

Ma sensibilité s'est développée depuis ma fâcheuse rencontre avec le lymphome et James. De sorte que je réagis très vite au contact de l'au-delà. Je perçois mieux maintenant le contenu des messages. Je sais que l'esprit de mon père vient de découvrir un échange important, parce que la vibration de cet échange m'a touchée en tant que médium, par le truchement du relais qui me lie à lui.

— Quand un esprit a réalisé son initiation, quand il a réussi à séparer ses ressentis de ses souvenirs, il entreprend la montée vers les échanges énergétiques qui dirigent les fréquences vibratoires de l'au-delà. Il doit alors avoir dans sa mémoire les couleurs du papillon.

— Ces couleurs sont des vibrations inspirées par l'amour, non ?

— Elles suivent un rythme qui permet à l'esprit de s'ouvrir davantage à la connaissance de la seconde dimension. Cette connaissance ouvre la porte des secrets de l'invisible, et donne à l'esprit la faculté de fusionner avec l'énergie mère, c'est-à-dire avec la mémoire universelle.

Je comprends que l'esprit s'élève, devient unique, et forme avec l'énergie mère un symbole fusionnel.

— Si ton esprit devient unique, pourra-t-il encore communiquer longtemps avec moi ?

— Cela ne change rien à notre relation. Au contraire, tu vas recevoir maintenant des données toujours plus profondes, toujours plus pures. Et tu vas découvrir que ta propre force va changer. C'est pourquoi tu dois affiner encore ta sensibilité, afin d'être plus ouverte encore au dialogue. Car tel est le message principal de l'au-delà : seul le dialogue enrichit l'homme, et permet l'échange entre les dimensions du visible et de l'invisible.

— Le dialogue et l'écoute intérieure.

— L'écoute intérieure, Michèle, ça veut dire apprendre à respecter et à accepter le sens réel de la portée d'une vérité.

Je déduis de cette observation que l'écoute intérieure n'est rien si elle est isolée. Elle doit s'accompagner de dialogue. L'écoute intérieure est un filtre à travers lequel sont séparés le superficiel et le profond. Elle fait désormais partie intégrante de ma vie et de mon être.

La voix des Anciens est la voix du cœur

De nouveau à l'écoute de l'esprit de mon père, je découvre qu'il y a tant de choses à apprendre ! Des choses que l'on a oubliées, ou reléguées dans un coin. Des questions auxquelles il est parfois ardu de trouver une réponse.

Un beau jour de mai, je reçois la visite d'une femme prénommée Sylvie. Elle vient chercher auprès de moi, me dit-elle, des réponses à ses angoisses.

— Quel genre d'angoisses, Sylvie ?

— Je nourris de fortes inquiétudes en ce qui concerne l'argent.

— Dites-m'en un peu plus.

Je l'écoute et, tandis qu'elle parle, je perçois nettement la présence auprès d'elle d'un esprit paralysé par le malaise de l'indifférence et de l'oubli. Une grande tristesse émane de cet esprit. Quand Sylvie a fini d'évoquer sa peur de manquer de sous, je lui pose la question qui se présente à mes pensées :

— Est-ce qu'il n'y aurait pas eu le décès d'une personne âgée dans votre famille ?

— Ma grand-mère, répond Sylvie avec une certaine légèreté. Je ne vois personne d'autre.

Puis elle reprend d'un ton un peu sec :

— Je ne suis pas venue vous parler de ma grand-mère défunte ! C'est mon avenir qui m'intéresse.

— Je comprends, dis-je doucement. Cependant, c'est grâce à l'héritage de votre grand-mère que vous possédez aujourd'hui une jolie maison. Je me trompe ?

Elle fixe sur moi un regard où s'exprime non seulement de la déception, mais des reproches à mon égard.

— Je ne vous permets pas de me parler sur ce ton, dit-elle.

Ma réplique ne se fait pas attendre :

— Et moi, je ne vous permets pas de faire souffrir l'esprit de votre grand-mère avec votre orgueil et votre indifférence.

Elle se lève en repoussant brutalement sa chaise. Elle me jette un regard mauvais. Et elle s'en va.

Je ne devais plus revoir cette personne. En revanche, j'ai revu l'esprit de sa grand-mère qui m'a adressé un sourire de profonde gratitude.

Certaines personnes, hélas, s'empressent d'oublier la bonté dont les Anciens ont fait preuve à leur égard. Comme ils oublient la valeur des veillées d'antan, et les sagesses de jadis, quand le monde n'était pas livré à l'esclavage de l'égoïsme, quand l'entraide quotidienne avait encore un sens. Car les Anciens savaient dégager dans la vie de tous les jours une chaleur qui était un réconfort permanent. Ils savaient se parler, s'écouter, dialoguer tous ensemble. Ces instants magiques renfermaient une force extraordinaire car ils ressourçaient le dialogue intérieur. Ils formaient un lien entre le passé et l'avenir. Ils nous invitaient à ne pas laisser disparaître dans l'oubli le privilège de les avoir connus. Le passé doit être vécu aussi intensément que le présent. C'est ce que nous avons tendance à perdre de vue de nos jours.

Mon père, ce magicien

Je dois élever le niveau de mes vibrations si je veux comprendre la suite de l'évolution de l'esprit de mon père. Et cette matinée est propice à l'exercice car je suis seule à la maison.

Je commence à me concentrer.

La concentration m'apporte un regain d'énergie grâce à laquelle je vais poursuivre cette transcommunication, sur un autre plan mental toutefois. Un déplacement d'air se produit.

— Laisse ta souffrance de côté, Michèle. Aie confiance en toi. Fais le tri dans tes émotions.

J'ai soudain une vision. Je me vois pénétrer dans un très long couloir qui tourne sur lui-même dans le sens des aiguilles d'une montre. Ce couloir est parcouru de vibrations. Je continue d'avancer. Je marche avec une impression de ralenti. Au bout du couloir, j'aperçois des points lumineux. On dirait des étoiles qui scintillent et rivalisent de clarté. Plus je m'approche de la sortie, plus je ressens les vibrations de la lumière. Au toucher, celle-ci est perceptible comme une caresse soyeuse. Bientôt des formes m'apparaissent sous l'apparence de ressentis. Elles s'unissent les unes aux autres pour produire une forme plus grande à l'intérieur de laquelle on sent battre le cœur même de la vie.

Il n'y a aucun bruit. De cette grande forme, en revanche, émanent des couleurs. La vie travaille en silence, en observant une belle discipline.

Puis tout disparaît, comme si l'apparition était happée par l'énergie d'un grand soleil.

La vision s'est dissipée. Je reste pensive.

Un souffle se rapproche de moi. L'esprit de mon père est là.

— C'est l'évolution de la vie dans la deuxième dimension, Michèle. Là où se transforme la vie. Tu te rappelles les dessins que je t'adressais depuis l'au-delà ? Ils symbolisent la vérité sur notre évolution.

Comment pourrais-je avoir oublié ces figures qui me représentaient dans mon évolution ? J'avais pris la forme d'un nuage. Au stade ultime, je serais diamant. Alors j'entrerais dans la mémoire universelle.

— Que représente ce grand soleil, Papa ?

— C'est la nature de la mémoire collective.

Il ajoute :

— Dans l'invisible, la mémoire universelle des esprits est toujours en activité. Et cette activité, c'est de l'énergie pure. Représente-toi une ruche immense dont les esprits seraient les abeilles ! Chaque alvéole contiendrait une mémoire...

— Je n'avais jamais pensé à cette image, dis-je, stupéfaite.

— La mémoire universelle renferme une intelligence colossale.

— L'esprit ne garde-t-il rien pour lui de cette connaissance ?

— Non. La création ne cesse jamais de créer et de nous donner accès à sa propre mémoire.

Grâce à l'esprit de mon père, je sais combien la vie dans l'invisible vaut la peine d'être étudiée. Je sais que je pourrai encore me tourner vers lui quand d'autres questions se poseront. Quoi de plus naturel que de vouloir s'initier aux mystères de la vie durant le temps de son existence ? C'est ce à quoi je m'emploie de toutes mes forces.

Épilogue

C'est un fait que la vie contient beaucoup de choses inexplicables. L'au-delà en fait partie. Pour commencer à approcher cette question, il faut laisser tomber ses préjugés – et ce n'est pas toujours facile. Beaucoup, dans le secret de leurs pensées, espèrent recevoir un jour un message de l'au-delà, un signe adressé par un cher disparu. Ils estiment à juste titre qu'un tel phénomène les aiderait à faire un pas dans la bonne direction, à oser enfin franchir une limite. Mais tout est une question de choix. La mort peut être perçue comme un événement triste et désespérant auquel on peut même rester accroché des années durant. Pour ma part, j'ai choisi une autre option. Je pense qu'il existe une continuité entre la vie et la mort, entre le monde visible et l'au-delà. Et je viens d'en apporter le témoignage en relatant la formidable expérience de transcommunication que j'ai eu la chance de partager avec l'esprit de mon père.

Ma rencontre avec les êtres de lumière aussi a transformé ma façon de percevoir l'invisible.

Cependant elle n'a pas modifié ma façon d'être. J'ai seulement découvert grâce à eux une nouvelle forme d'amour. J'ai pris conscience du fait que la mort n'occupe aucune place dans les cycles de renaissance de la vie. Seule la force de l'amour permet de ressentir au plus profond de mon être la pulsation de la vie dans l'invisible.

À présent, je sais que nous faisons partie d'une seule et même famille, que nous formons avec ceux qui nous ont quittés une unité indissoluble et un mouvement unique.

Même à travers ma maladie et la souffrance qui en découlait, et souvent entre deux chimios, la force des êtres de lumière me poussait encore à penser à cet ouvrage, à vouloir transmettre le vrai sens de l'espérance, et à dépasser la douleur pour affirmer que seul l'amour peut nous réunir.

Quand mon heure viendra de quitter cette terre, je n'emporterai qu'un seul petit bagage, et ce bagage renfermera un trésor inestimable : l'amour.

Telle est la leçon de mon père.

Cet ouvrage a été réalisé
par Nord Compo

Achevé d'imprimer par N.I.I.A.G.
en mars 2007
pour le compte de France Loisirs, Paris

N° d'éditeur : 48311
Dépôt légal : Février 2007
Imprimé en Italie